JN439449

그리움 산국화 되어

현대수필가100인선 · 47

그리움 산국화 되어

이동렬 수필선

좋은수필사

■ 책머리에

수필은 누구나 부담 없이 읽고, 마음만 먹으면 직접 쓸 수도 있는 가장 친근한 문학이다. 다른 영역의 문학이 영상매체에 밀려 신음하고 있는 중에도 수필 인구만은 날로 증가하여 바야흐로 수필 전성시대를 구가하고 있는 이유도 거기에 있을 것이다.

시대적 추세에 힘입어 수많은 수필전문지, 수필동인지가 창간되고, 이에 비례하여 신진 수필가도 날로 늘어나다 보니 이제는 그 많은 작가, 그 많은 작품 중에서 문학성 높은 작품을 가려 읽는 일이 쉽지 않게 되었다. 이런 현상은 작가에게나 독자에게나 결코 바람직한 일이 아니다. 더 나아가서는 수필을 연구하는 후세들에게도 큰 부담이 될 것이다.

이런 문제를 해결하는 데는 출판인도 마땅히 한몫을 감당해야 한다는 평소의 소신에 따라, 본사가 기꺼이 그 역할을 맡기로 했다. 그 첫 번째 사업으로 시대를 대표할 만한 수필가 100인을 선정하고, 작가가 자선한 40편 내외의 작품을 수록한 문고본을 발간하여 이를 널리 보급함으로써 그 소임을 다하고자 한다.

본사는 사명감을 가지고 이 사업을 추진해 나가기로 했다. 작가 선정을 전담할 편집위원회를 구성하고 전권을 위임하여 일체의 사적인 정실이나 청탁을 배제함으로써 전문성과 공

정성을 확보해 나갈 것이다.

따라서 이 기획물 속에는 작가의 문학정신뿐만 아니라, 본사의 문학사적 기여 의지와 편집위원 제위의 수필문학에 대한 애정과 문인으로서의 양심이 함께 담겨 있음을 자부한다. 다만, 작가를 선정하는 기준에는 많은 견해의 차이가 있을 수 있고, 선정 과정에서도 미처 챙기지 못한 부분이 있을 것이라는 사실만은 인정하지 않을 수 없다. 이 점에 대해서는 관계자 여러분의 양해 있으시기 바란다.

이 시리즈의 발간 순서는 작가, 또는 본사의 사정에 의한 것일 뿐 그 밖의 어떤 기준도 적용하지 않았음을 밝힌다.

본 기획물이 시대를 초월한 많은 수필 애호가들의 관심과 애정 속에 우리나라 수필문학 발전에 한 이정표가 되기를 바랄 뿐이다.

2009년 5월

좋은수필 발행인 서 정 환

현대수필가 100인선 간행 편집위원 박 재 식 최 병 호

정 진 권 강 호 형

변 해 명

| 차례 | 현대수필가100인선 · 47

1_부

2_부

3_부

4_부

1부

남男과 여女
남한 말과 북한 말
명당
명예욕
사담 후세인
사약
인간관계심리학
전자우편
토끼
풍수지리와 UN사무총장

남男과 여女

이 지구상에 존재하는 어느 사회를 막론하고 남자들은 일반적으로 젊은 여자를 좋아한다. 늙은 여자를 좋아하는 사회는 없다. 젊은 여자 중에서도 허리가 가늘고 엉덩이가 큰 여자를 좋아한다. 서울, 뉴델리, 뉴욕은 물론 아마존 밀림 속이나 아프리카의 토인 부락에 사는 남자들도 마찬가지다. 여자가 뒤로 돌아서서 찍은 나체사진을 여러 장 늘어놓고 마음에 드는 것을 골라 보라면 그들의 선택은 일반적으로 허리가 엉덩이의 2/3가 되는, 예를 들면 엉덩이 크기가 35였다면 허리는 25쯤 되는 그런 여자의 사진을 집는다는 것이다. 또한 어느 사회를 막론하고 남자는 스무 살을 넘기 전 청소년 시절에는 자기보다 나이가 5살 10살 훨씬 더 많은 연상의 여자를 좋아하나, 20살을 넘어서부터는 자기와 나이가 같거나 아니면 자기보다 2~3살

아래인 여자를 더 좋아한다.

그런데 남자 나이가 많아질수록 좋아하는 여자와 나이 차이는 점점 벌어진다는 것은 무척 흥미롭다. 예로, 30살 때는 자기보다 5살 아래인 여자를 좋아하나, 40대에 가서는 10살 아래를, 50대에 가서는 15살 아래를, 60대에 가서는 20살 아래 여자를 좋아한다는 말이다. 그러니 80대의 늙은이가 20대의 손녀뻘되는 아가씨와 결혼하게 되는 우스꽝스러운 이야기를 종종 들을 수 있는 것이 아닌가.

왜 그럴까? 진화심리학에서 보는 견해는 다음과 같다. 즉, 인간은 자기 씨種子 혹은 유전자를 퍼뜨리기 위해서 존재한다. 이 점에서는 동물과 별 다름이 없다. 동물 세계를 보면 수컷들이 사모님 한 마리를 차지하기 위해서, 다시 말하면 자기 유전인자 전파를 위해서 경쟁자와 목숨을 내건 한판 싸움을 벌이는 것을 볼 수 있다. 사람은 그 표현 양식이 다르다 뿐이지 근본 동기에 있어서는 마찬가지이다. 돈 있고 권력 있는 남자가 여러 명의 사모님을 거느리고 사는 것은 이런 '전통'의 완곡한 표현이라고 볼 수 있다.

그런데 나이가 어린 여자를 좋아하고 허리가 가늘고 엉덩이가 큰 여자를 좋아하는 이유는 무엇일까? 그 이유는 아이를 낳을 수 있는, 다시 말하면 임신을 해서 자기 유전인자를 이어갈 수 있는 데 있어서 가장 '효율적'이기 때문이라는 것이다. 폐경기를 맞은 여자는 이 유전인자의 전수에서 '한물간 사람'

이기 때문에 별 환영을 못 받는다는 말이다.

그러면 여자는 어떤 남자를 좋아할까? 남자는 80, 90 고령을 제외하고는 씨種子를 뿌릴 수 있는 가능성은 나이에 그다지 큰 영향을 받지 않는 거의 무한대라고 볼 수 있기 때문에(이 가능성에 대한 불안 때문에 노루 목을 따서 피를 마시고 뱀탕을 먹으러 태국까지 가지 않을까?) 남자 나이에 대해서는 별 신경을 쓰지 않는다. 다만 자기보다 나이가 3~4년 위인 남자를 좋아하는 것이 일반적인 경향이라고나 할까. 그런데 한 가지 두드러진 특징 하나는 자기가 낳은 자녀를 안전하고 유복한 환경에서 양육할 수 있는 풍부한 자원을 가진 남자를 선택하려 드는 것이다. 풍부한 자원이란 원시시대에는 남자의 육체적인 힘이었으나 현대 사회로 옮겨오면서 재력과 권력이 중요시 된 것이다.

이런 논리로 보면 여자는 선천적으로 남자보다 금전과 권력 앞에 약하다는 주장이 나온다. 이런 주장을 간접적으로 뒷받침해 주는 다음과 같은 보고가 있다. 즉, 어느 진화심리학자는 결혼한 부부에게 그들이 결혼 전 구애求愛 시절에 상대방이 어떤 행동을 보여주던가에 대해서 물어보았다. 대답은 예상한 대로 남자와 여자들이 서로 달랐다. 즉, 남자들은 주로 자기가 얼마나 중요한 일을 하고 있다는 것, 앞으로 무슨무슨 중요한 직책을 갖게 될 것이라는 등의 힘과 사회적 지위를 은근히 과시하는 한편, 여자들은 주로 자기 옷과 몸치장, 여성다운 아름다움과 매력 포인트에 대해서 뽐내더라는 것이다.

그러니 아무리 외부적인 아름다움보다 마음의 아름다움, 즉 내적 아름다움이 더 중요하다 하더라도 성형외과 대기실은 외부적 아름다움을 추구하는 여자들로 붐빌 것이다. 18세 미만 청소녀 5000명에게 물어보았더니 4000명 가까이 되는 소녀들이 기회만 있으면 성형수술을 하겠다고 대답했다는 여론조사 결과가 이를 뒷받침해 준다. 이렇게 보면 자기의 피부를 곱고 부드럽게 하기 위해서 우유에 목욕을 했다는 클레오파트라는 그 정신에 있어서는 성형예술의 선구자가 되고도 남지 않을까.

아무리 검소한 생활을 부르짖어도 돈 많고 권력이 있는 집 사모님들과 그들의 어린 딸들은 틈만 있으면 고급 보석과, 고급 옷으로 몸을 감싸려 들 것이고 그들의 눈, 코, 입술, 턱, 가슴, 허벅지와 종아리는 언제고 성형외과 전문의의 칼날을 기다리고 있을 것이다.

아침 출근길에 어느 성형외과 의사가 자기를 찾아온 고객을 유혹해서 성 유린을 했다가 쇠고랑을 찼다는 뉴스를 듣고 퇴근하는 길에 길 건너 ××성형외과라는 커다란 간판이 눈에 띄어 몇 자 적어 본 것이다.

(2001. 2.)

남한 말과 북한 말

지난 12월, 한국에 나갔던 길에 어느 책방에서 서울대학교 국문학과 교수로 있다가 은퇴한 심재기 박사가 편집한 ≪남북 통일 말 사전≫이라는 600쪽이 넘는 두툼한 책을 한 권 샀다. 두 부분으로 나뉘어진 이 책 제1부는 '북한에서 잘 모르는 남한 말'을, 제2부는 '남한에서 잘 모르는 북한 말'을 수록하였다. 말할 것도 없이 이런 사전류의 책을 처음부터 끝까지 읽는다는 것은 별 의미가 없다. 그저 여기 조금, 저기 조금 훑어보면 충분하다.

남과 북이 갈린 지가 어느덧 반세기가 넘었다. 중국 명나라 때 원굉도袁宏道는 "백 년 이래 변치 않는 문장은 없다"라고 했는데 100년까지 갈 것 뭐 있나, 40~50년 전에 쓴 글만 읽어봐도 벌써 오늘날 우리가 쓰는 문체와 많이 다르다는 생각이 드는데, 하물며 서로 왕래도 없이 원수로 지낸 지가 50년이 넘는 남북한 사이에서야.

가끔 사람들이 우스갯소리로 북한 말을 소개한다며 전구를 '불알', 냅킨을 '주둥이 행주'라 하는 것을 들었다. 이런 말이 정말 북한에서 쓰이는 말인가 싶어 사전을 뒤져보았으나 찾지 못했다. 농담과 진담도 구별 못하는 이 바보.

이 ≪남북한 통일 말 사전≫을 보면 북한에서는 우리말을 보호하려는 노력이 남한보다는 더 많고, 남한에서는 이러한 노력보다는 한자나 영어를 그대로 옮긴, 즉 영어나 한문을 좀 안다는 사람 위주의 말들이 많다는 것을 쉽게 알 수 있다. 재치 있고 아름다운 우리말로 옮겨 놓은 것은 김일성 주체 사상 영향 때문이지 싶다.

예를 몇 개 들어보자. 산책로를 북한 말로는 거닐길, 지프는 발바리 차, 축구 경기에서 골키퍼는 문지기, 헤딩슛은 머리 받아 넣기, 종착역은 마감역, 건망증은 잊음증이다. 무척 재치 있고 예쁜 우리말들이다.

다 그런 것은 아니시반은 한자나 영어가 섞인 말을 쉬운 우리말로 풀이를 해 놓아서 이들에 대한 지식이 별로 없는 사람도 쉽게 알 수 있도록 만들었다. 예로 치사량致死量은 죽는 양, 삼모작三毛作은 세 번 농사, 주차장駐車場은 차마당, 합병증合併症은 따라난 병, 장기長技자랑은 재간 보이기, 돌연사突然死는 깜짝 죽음, 공전空轉은 헛돌이, 드라이클리닝(dry cleaning)은 화학 빨래, 개그맨(gagman)은 희극 배우, 휠체어(wheelchair)는 불구자용 밀차, 페스티벌(festival)은 축제이다.

우리말로 잡아두려는 욕심은 의학이나 권투, 배구 같은 운동 경기에도 엿보인다. 한의학은 고려의학, 한방의원을 고려병원, 한약은 고려약이다. 한의학이 중국에서 왔지만 어디까지나 우리나라에서 독자적으로 발전시킨 전통의학이란 주장이 강하다. 권투에서는 녹아웃을 완전 넘어지기, 어퍼컷은 올려치기, 잽은 톡톡 치기, 훅은 돌려치기, 스트레이트는 곧추치기다. 배구에서 타임 아웃은 분간 휴식, 스파이크는 때리기, 페인트는 살짝공, 아웃은 바깥공이다. 남한에서 국문학을 공부하는 사람들은 우리말에 대한 열정이 적어서 그런가, 한문이나 영어에 대한 존경이 커서 그런가, 아니면 내가 모르는 다른 이유가 있어서 그런가, 이렇게 고운 우리말로 옮겨 놓은 것이 그다지 자주 눈에 띄지 않는다.

남북한 말 중에서 우리가 쓰던 말 중에 북한에 뺏겨버린 말이 하나 생각난다. '동무'라는 말이다. 이 정답고 예쁜 말은 6·25 전후해서 사상 관계로 금지되고, 그 대신 '친구'가 들어섰다. 처음에는 이 말이 무척 어색하게 들리더니 "곰보도 자주 보면 미인이라"고 50년 넘게 쓰다 보니 이제는 동무란 말이 되려 어색해진다.

남북한 말이 서로 어떻게 다른가를 밝혀주는 것도 중요하다. 그러나 앞으로 어떻게 하면 남과 북이 같은 것을 두고 두 단어가 아닌 한 단어를 쓸 수 있는가를 생각해내는 데 힘을 기울이는 것도 중요하지 않을까. 산책 길 하나를 놓고 한쪽에서는 '산책로', 또 한쪽에서는 '거닐길'이라고 해서야 되겠는가.

(2007. 2.)

명당

몇 해 전이다. 일간 신문을 뒤적이다 보니 '명당 판매'라는 큼지막한 글자로 한국의 묘소 명당 세일을 하니 다 팔리기 전에 빨리 계약하라는 광고가 눈에 띄었다. 연락처는 경기도 양평에 있는 어느 풍수지리연구소 지부(지부가 있으니 어디고 본부가 있겠지)로 몹시 권위 있어 보이는 곳 같았다. 명당 가격이 얼마인지는 밝히지 않았지만 재고품이 얼마나 있는지는 적어 놓았다.

명당보유목록은 다음과 같다. 대통령 나올 자리 69개, 왕비 나올 자리 30개, 국무총리 90개, 장관 600개, 장군 600개, 국회의원 2000개, 판 · 검사 600개, 안기부장 15개, 올림픽위원장 1개, 월드컵위원장 6개, 유엔사무총장 4개, 기타 600개. 모두 3600개가 넘는 명당 터는 앞으로 1500년에 걸쳐 효력을 발휘

할 자리로서 당대에 두 자리 이상은 나올 수 없다는 것.

그런데 아무리 살펴봐도 불초소생이 30년 넘게 몸담고 있는 직업, 즉 교수는 눈에 뜨이지 않았다. 성희롱하다가 잡혀 들어간 교수, 연구비를 떼어먹다가 쇠고랑을 찬 교수, 그 외 명예롭지 못한 이유로 감옥살이를 하고 있는 교수들이 많아서 그럴까, 아니면 너무 흔해서 지천에 널려있는 것이 교수라 그럴까. 좌우간 원통하다. 내가 교수라는 직업이 이 영광스러운 대열에 끼이지 못해 원통해하는 것은 어디까지나 나의 천직에 대한 이 불초소생의 피 끓는 사랑과 프라이드 때문인 것이다.

그런데 문제는 아무리 대통령이 나올 명당이라 해도 그 명당 효력은 명당매입문서에 도장을 찍은 날부터 1500년의 세월이 흐르는 동안 그 사이 어느 때에 나타날 것이라 하니 그 때면 이 몸은 영혼조차도 미라가 되었을 때가 아닌가. 장관자리가 600개가 있다 하나 월요일에 들어와서 다음 월요일이면 나가는 요새 같은 하루살이 벼슬자리를 두고 어찌 장관이라고 할 수 있겠는가? 하기야 "썩어도 준치"라는 말이 있긴 하지만…. 이 묘소 명당 중에는 잘못하면 큰 도둑으로 세상 사람들의 손가락질을 받고 끝내는 감옥살이로 패가망신을 할 위험이 있는 자리도 1000개가 넘는다.

문제는 유엔사무총장이다, 올림픽위원장이다 하는 권위와 영광이 차고 넘치는 자리를 왜 나라 안에서만 팔려고 하는지 이해가 잘 안 간다. 이런 자리를 노리는 사람들이 세계 여러

나라에 수백만 명이 넘을 텐데 기왕이면 CNN 같은 방송을 통해서 광고를 하면 외화도 벌어들일 수 있지 않을까. 물론 명당 인기가 너무 좋은 날에는 돈이라면 지옥도 마다않는 장사꾼들에 의해 그린벨트(green belt)도 명당으로 팔려나가고, 결국에는 국토 전체가 공동묘지가 될 위험도 있지만….

앞으로 이 묘소명당 판매 사업이 번창하게 되면 요사이 한창 인기가 올라가는 납골당 사업이 큰 타격을 입을 것 같은 생각이 든다. 또한 시신을 화장해서 납골당에 모시질 않고 그 재를 바람에 날리거나 강물에 흘려보내는 것은 올림픽이나 월드컵위원장, 유엔사무총장 같은 고상하기 짝이 없고 국익을 가져올 수 있는 그런 자리를 한 순간에 잃어버리는 것이 아닌가. 분명 비애국적이요 반민족적 행위다. 보안법 위반으로 감옥에 집어넣을 수 있겠다.

그러나 속이 타는 사람은 소생이다. 비록 50년 후가 될지 500년, 1000년 후가 될지는 모르지만 불초소생의 피를 받은 후손이 장차 이 나라 대통령이 된다는 것은 엄청 놀라운 소식이다. 운명아 듣거라, 쥐구멍에도 볕들 날이 있다는 말이 있지 않느냐.

그런데 한 가지 궁금한 것은 내가 왜 구태여 권력의 맨 꼭대기인 대통령 자리를 탐내느냐는 것이다. 벼슬에 나가 감투를 써야 부모에 효도하는 것이고, 가문을 빛낸다는 그 욕망의 피가 '아니다' '아니다' 하면서도 내 핏줄 밑바닥 어디에 흐르고 있어서 그린 것 같다. 조선시대의 선비들 대부분이 그러했듯이 말로는 청렴과 의리를 외치면서, 돌아서서는 남을 모략중상하고 정치 패거리를 만들어 자기 기득권을 뺏기지 않으려고 몸부림 친 그 이중적인 피가 내게도 흘러서 그런 것은 아닐까? 기억은 분명하지 않지만 언젠가 채근담에서 다음과 같은 구절을 읽은 적이 생각난다. "권력이 더럽다, 더럽다 하는 사람은 그것을 속으로는 은근히 그리워하는 것이다. 진정 권력이 더럽다고 생각하는 사람은 그런 말을 아예 입에 올리지도 않는다."

묘소 명당 세일 광고는 한번 본 후에 다시 보질 못했다. 자식을 위해서라면 돌 지난 아이 어학연수 보내는 것도 마다않는 한국 부모의 극성을 생각하면 명당판매 사업이 시원치 않아서 회사가 부도를 맞은 것은 아닌 것 같다. 아마도 첫 번 광고에 동이 난 모양이다.

(2003. 4.)

명예욕

다음 두 경우를 상상해 보자. 경우 1: 병원을 짓는데 기금이 필요합니다. 여러분의 성의가 닿는 대로 기부금을 내주시면 고맙겠습니다. 경우 2: … 기부금을 낸 분은 동판銅板에 이름을 새겨 새 병원 벽에 붙이겠습니다.

위의 2 경우, 십중팔구 당신은 경우 2에 훨씬 더 많은 돈을 기부할 것이다. 사람은 자기 이름 남기기를 좋아한다. 사실 이름뿐이 아니고 나我라는 존재를 남기는 일, 이를테면 감투나 직위, 포상 같은 것을 얻으려고 쉴 새 없이 노력한다. 소위 명예욕이란 게 뒤에서 이를 부추기기 때문이다.

명예욕이란 사회적으로 뛰어나다고 인정을 받을 만한 어엿한 이름이나 자랑을 얻고 싶은 욕심을 말한다. 이 세상에 명예욕 없는 사람이 어디 있을까. 명예욕이 너무 지나치게 많은 것도 문제지만 너무 없는 것도 문제다. 그러면 이 명예욕은 도대체 어디에서 오는 것일까? 이에 대한 추측을 하기 위해서 윤회사상과 이기적 유전자 개념을 빌려와야겠다.

이 세상에는 죽음이라는 것이 있고 언젠가는 자기도 죽을 날이 있을 것이라는 것을 알고 이에 대비하는 동물은 인간뿐이라 한다. 죽음은 생각하기도 싫으리만큼 무섭고 끔찍한 것이다. 이 죽음에 대비하는 수단으로 꾸며 만든 두가지 책략을 보자.

첫째는 우리 인간이 죽어도 죽지 않고 다시 다른 형태의 동물이나 식물로 태어난다는 윤회輪廻사상이다. 윤회사상은 기원전 8세기에서 7세기경에 인도 우파니샤드 철학에서 나왔다 한다. 고대 그리스에도 인도의 그것과 비슷한 윤회관념이 있었는데 예로 플라톤 같은 철학자는 영혼불멸을 말하면서 죽으면 영혼이 인간 이외의 동물이나 식물로 탈바꿈하여 다시 세상에 태어난다는 요지의 윤회설, 즉 영혼은 이 세상에서 저 세상으로 갔다 다시 온다고 하였다.

그런데 윤회관념에는 현실적인 것은 없다. 사람은 죽음을 체험하지는 못하기 때문에 죽음은 다만 이론적으로 그 존재를 이해하고, 머리로는 알고 있지만 현실적으로 보거나 만져서 실감할 수는 없다. 그러므로 죽은 뒤의 세계가 어떠하리라는 것은 이해할 수 없는 관념의 세계에 불과하다. 그러나 사람들은 윤회관념에 나오는 지옥이나 극락/천당이 실제로 존재한다고 믿었고, 그것을 증명하려고 온갖 노력을 기울였다. ≪동물이 보는 세계, 인간이 보는 세계≫라는 책을 쓴 일본 사람 히다카 도시다카는 이것을 하나의 일루전(illusion: 착각)이라 불렀다. 이 윤회설은 일루전의 세계에서는 매우 현실적인 감각을 불러일으킨다는 것이다. 예로 종교적 믿음을 체험했다는 사람들이 대중 앞에서 '기적'을 일으켜 증명해 보이려는 것 등이다.

죽음에 대비하는 또 하나의 대책은 자기의 유전자, 즉 자기의 DNA를 가진 후손을 퍼뜨리는 것이다. 이 점은 동물들이 목숨을 내걸고 암컷을 차지하려고 싸우는 것과 마찬가지로 자기의 DNA를 계속 이어감으로써 개체 영생의 염원을 실현하겠다는 것이다.

그런데 ≪이기적 유전자≫라는 책을 펴낸 동물행동학자 도킨스(R. Dawkins) 교수에 의하면 1950년대까지만 해도 동물은 자기 종족을 유지하기 위해서 산다는 종족보존설이 지배적이었다. 종족보존을 하지 않는 종種은 종족을 계승할 수 없었기에 오늘까지 살아남지 못하고 멸종한 것이 이 주장을 지지하는 보조 자료다.

그러나 1960년대에 들어서서 동물사회에 대한 생태연구랄까 야외연구가 활발해지면서 앞서 말한 종족보존보다는 개체보존 내지 이기적 유전자 개념이 유행하였다. 이 개념의 요지는 이렇다. 동물과는 달리 인간은 자기 유전자만 전하는 것으로 만족하지 않고 이 세상에 자기가 존재했었다는 증거가 자기가 죽은 뒤에도 영원히 남아있기를 원한다. 시인이 쓴 시詩,

소설가가 쓴 소설, 화가가 그린 그림, 음악가가 남긴 작곡, 패션 디자이너가 남긴 유행 등은 본인이 죽은 지 수백 년이 지나도 활용되지 않는가. 자기 이름을 딴 도시, 건물, 동상銅像, 자기 이름의 장학금이나 문학, 예술, 과학상은 이 세상에 존재했었다는 좋은 증거품이요, 이 남기고 간 유품들이 곧 문화를 이룬다. 인간은 자기가 죽은 후에도 자신의 유전자뿐만 아니라 자기에 관한 문화적 일체도 널리, 그리고 오래도록 남아 있기를 바란다. 이것이 곧 명예욕의 시작이라 할 수 있다.

명예란 이기적 유전자 개념에서 시작하는 것이 아니겠느냐는 말을 하다 보니 이렇게 긴 말이 되었다. 그런데 세상 명예 다 버리고 살 수만 있다면 오죽 좋겠는가. 명예를 지나치게 열심히 좇다 보면 주위 사물을 '내 명예욕을 만족시키는데 얼마나 큰 도움이 되는가?' 하는 척도에 따라 아래위로 훑어보게 되니 자연히 사람을 자기 목적 달성을 위한 하나의 수단으로 보게 되기가 쉽다. 그렇기 때문에 명예는 가끔 '더럽다'는 수식어가 붙고 명예욕이 너무 많은 사람은 남들과의 교제에서 정성이 적고 인정의 오고감에 깊이가 없다.

한편 명예욕이 너무 없는 사람도 문제다. 사람이 보람 있는 일을 계획하고, 지도자의 자리를 노리고, 빠른 진급을 바라고, 좋은 집, 좋은 자동차를 탐내는 것도 뒤에서 명예욕이 부추긴 경우가 많지 않는가.

명예욕에는 포만상태가 없다. 가지면 가질수록 더 가지고 싶은 것이 명예욕이다. 과자나 밥은 먹을 만큼 먹으면 더 먹고 싶은 생각이 없는 포만상태가 온다. 그러나 명예욕은 한도 없고 끝도 없다. 이 포만상태가 없다는 사실은 그것을 바라는 사람들을 파괴의 구렁텅이로 몰아넣을 경우가 있음을 암시한다. 명예에 대한 지나친 욕심으로 바른 길로 가질 않거나, 자기의 분수를 모르는 행동을 하다가 결국 패가망신의 길로 들어서는 것이다. 명예를 얻고도 주위 사람들로부터 따돌림을 받는 사람들이 있다는 것은 앞뒷집 현실에서 볼 수 있지 않는가.

독약도 적당한 양을 먹으면 병을 낫게 하는 좋은 약이 될 수 있고, 보약도 너무 많이 먹으면 몸을 해칠 수가 있다. 마찬가지로 명예욕도 그것을 얻는 방법에 따라 독약이 될 수도 있고 보약이 될 수도 있다.

(2007. 8.)

사담 후세인

2007년 1월 12일자 캐나다 판 ≪주간 한국≫에 ≪독재자 사담 후세인≫이란 제목 아래 사담 후세인의 기구한 인생이 비교적 자세하게 적혀 있었다. 그가 1937년 이라크의 티크리트 주의 오우자(Owja)라는 흙먼지 날리는 작은 마을에서 태어나 불행한 어린 시절을 보낸 것, 바트(Baat)당 당원이 되어 정치에 관심을 두어 마침내 부통령에 이어 대통령 자리에 오른 것, 정권 유지를 위해 수많은 이라크 국민들을 학살하고, 나라를 전쟁으로 몰아넣은 것, 마지막으로 2003년 미국이 시작한 전쟁으로 미군에게 붙잡혀 교수형을 당하기까지 이야기가 적혀 있었다.

그런데 눈여겨볼 것은 처음부터 끝까지 후세인에 대해 부정적인 얘기들이지 긍정적인 얘기는 한 마디도 찾아볼 수 없었다는 것이다. 몇 줄 인용해 보자.

… 그는 다소 평범하며 눈에 띄지 않는 사람이었다. …지적 능력, 카리스마, 지도자의 헌신과 열정이 부족했다. …똑똑하지 않지만 교활한 기회주의자였다. …아이들의 공격에 대비, 어린 사담은 쇠막대기를 가지고 다녔다. 후에 그 쇠막대기는 이유 없이 남을 공격하는 도구가 되었다. 그는 쇠를 뜨겁게 달궈 동물의 배를 찌르고 절반을 가르기도 했다….

여기에 묘사된 후세인은 어릴 때부터 못된 짓만 골라 하고 다니는 악동 중의 악동, 커서는 흉악하기 이를 데 없는 독재자였다. 그런데 쇠막대기를 뜨겁게 달구어 동물의 배를 찔러도 평범하여 눈에 띄지 않는다면 어떤 행동을 한 아이가 평범하지 않고, 눈에 띄는 아이란 말인가? 후세인이 어릴 때부터 '별 볼일 없는' 중간 이하의 아이였다는 것을 지나치게 강조하다 보니 이렇게 앞뒤가 맞지 않는 말을 하게 된 것 같다.

그러나 2007년 1월 15일자 미국에서 지식인들이 가장 많이 읽는다는 ≪타임(Time)≫지에 묘사된 후세인을 보면 지금까지 얘기한 것과는 다르다. 후세인은 독재자였기는 하나 이라크 근대화의 아버지였다는 것이다.

사담 후세인의 출세는 어느 정도 그의 뛰어난 행정력 때문이었다. 1969년 32세 나이에 이라크의 부통령이 된 후세인은 이라크 석유 산업의 국유화를 선포했다. 그리고 그는 석유에서 나오는 막대한 돈으로 이라크의 근대화에 착수했다. 즉, 새

길을 내고, 다리를 놓고, 학교, 병원, 공장 세우는 일을 일사천리로 해냈다. 그 결과 1970년에는 이라크는 이미 중동에서 가장 근대화된 나라, 즉 현대적이고 부강하고 굳건한 현실감각을 가진 나라가 되었다. 바그다드 대학 어느 정치학자의 말대로 "후세인은 그가 가장 나쁜 대통령이 되기 전까지는 세상에서 가장 훌륭한 부통령이었다." … 대통령으로 독재 24년 동안 후세인은 그가 계획했던 일을 모두 성취하였다. … 그러나 이라크를 3번이나 전쟁으로 몰아넣었으며 이 전쟁들로 인해 나라 경제는 기울고 100만이 넘는 사상자가 생겼다.

그가 2003년 미군들에게 체포되어 2006년 12월 자기 목에 오랏줄이 감길 때까지 감옥에서 그의 건강을 보살피던 어느 미군 의료병 말에 의하면 그는 감옥에 있으면서 부지런히 책을 읽고, 시詩도 쓰고 (앞서《주간 한국》에서 똑똑하지도 않고 지적이지도 않았다는 말에 의심이 간다: 글쓴이), 바깥바람을 쐴 때는 남겨 두었던 자기 음식을 동물들에게 나눠주기도 했다는 것. 또한 사형이 확정되고 난 후부터는 아랍인답게, 사나이답게 죽는다며 매일의 운동량을 2배로 늘였다 한다.

《타임》지의 후세인을 보면 그는 시인의 마음처럼 연약하고 보드라운 면이 있는 사람이었다. 홍자성洪自誠이 그의 《채근담》에서 말한 의미 있는 구절이 생각난다. "악한 일을 행한 다음 남이 아는 것을 두려워함은 아직 그 악 가운데 선善을 향하는 길이 있음이요, 선을 행하고 나서 남이 빨리 알아주기를 바라는 것은 그 선 속에 악의 뿌리가 있는 까닭이다." 한 마디로 누구나 악한 사람이 될 수 있고 누구나 착한 사람이 될 수 있다는 말이다. 아무리 훌륭하다고 칭찬받는 사람도 끔찍스럽고도 잔인한 면을 가지고 있다는 것은 앞뒷집 현실에서 보지 않는가.

그런데 우리가 읽고, 듣고, 보는 정보의 대부분은 연합통신(AP)이다, 로이터다 하는 서방 통신을 통해서 온 정보라는 것을 기억해 둘 필요가 있다. "내가 들었다.", "내가 신문에서 읽었다."거나 "내가 TV에서 직접 봤다."라고 아무리 객관성을 강조해도 그 대부분이 친서방 신문, 친서방 TV, 친서방 방송이란 말. 그러니 위험한 것은 우리는 그것이 한 번 걸러 나온 정보라는 것을 깨닫지 못하고 보고 듣는 데 있다.

사담 후세인 그는 이제 이 세상 사람이 아니다. 그러나 그는 앞으로 중동을 연구하는 사람들에게는 사담 후세인을 연구하지 않고는 중동 연구가 불가능한, 영원히 살아있는 존재가 되었다.

사약賜藥

미국 미시간 주의 디트로이트(Detroit)라는 도시에 사는 커보키언(J. Kevorkian)이라는 의사는 100명이 넘은 사람들의 안락사(安樂死: 살아날 가망이 없는 병자의 고통을 덜어주기 위하여 인위적으로 죽음에 이르게 하는 일)을 도와준 죄목으로 8년이나 감옥살이를 하다가 풀려 나왔다는 기사를 읽었다. 안락사 방법은 주사기로 독극물을 혈관에 넣는 것이었다 한다.

이 기사를 읽으니 조선시대 때 왕족이나 고등관리의 사형집행 수단으로 쓰이던 사약賜藥이 생각난다. 사약은 "왕이 독약을 내린다."는 뜻이며 예부터 실시된 형벌의 하나로 형법 교과서刑典에는 나와 있지 않는 약이다. 즉, 사대부가 죄를 지었을 때 그들의 신분을 생각해서 교수형 대신 독약을 보내 자살하게 한 형벌, 주로 비상砒霜을 재료로 사용했으며 생금生金,

생청生淸, 부자附子, 해란(蟹卵: 게의 알) 등을 섞어서 썼다고 하나 공식적인 기록이 없으니 하나의 추측일 뿐이다.

사약의 주성분인 부자附子는 한번 끓인 다음 식혀서 조금씩 먹으면 독약이 아니라 보약이 된다는 말을 어릴 때 아버지께 여러 번 들었다. 그러나 아버지는 한의사도 아닌데다가 사약에 관한 '공식적'인 약방문藥方文이 있는 것도 아니니 데워서 먹으면 독약, 식혀서 먹으면 보약이란 논리에 지금도 얼른 수긍이 가질 않았다.

한국에는 부자附子 종류에 속하는 초오(草烏: 미나리 아재비과)가 많이 자라는데 이것을 먹으면 위장 안에 점막 출혈이 일어나 토혈을 하면서 생명을 잃게 된다고 한다. 그러니 사약도 비상이나 초오를 써서 만들었을 것이다.

사약은 귀양을 보낸 자에게 내리는 경우가 많았는데 일단 귀양을 보냈으나 그의 죄에 비해 처벌 정도가 가벼웠다고 생각되는 경우 가중처벌의 형식으로 사약을 내렸다. 그러나 알고 보면 처벌의 무겁고 가벼움보다도 정적들이 얼마나 끈질기게 물고 늘어지느냐에 따라 사약 여부가 결정되는 경우가 많았다.

'사약' 하면 사람들은 사극에서 숙종의 애인 장희빈이나 연산군의 생모 윤尹 씨가 성종이 내린 사약을 받고 약그릇을 비우자마자 피를 토하고 쓰러지는 장면을 연상한다. 그러나 문헌을 보면 사약은 한 그릇에 곧바로 꼬꾸라지는 것은 아니며 한두 그릇, 어떤 사람은 서너 그릇은 들이켜야 천당이나 지옥문이 스르르 열린다고 한다. 그러니 사약을 먹고 죽는 시간이 두세 시간이나 걸리는 오랜 고통이다.

우리가 잘 아는 숙종 때의 대학자요 정치가인 우암尤庵 송시열은 제주도로 귀양 갔다가 다시 서울로 송치되어 오는 길에 전라북도 정읍井邑에서 사약을 받았다. 몸집이 장대했던 그는 사약 한 사발에 끄떡도 않아 두세 사발을 더 마시고 나서 천천히 요단강을 건너는 배에 올랐다고 한다.

나 같은 겁보는 "이동렬이가 마실 사약을 든 관헌들이 서울을 떠났다더라."는 말만 듣고도 벌써 자리에 드러누워 먹지도 마시지도 못했을 것이고 "그들이 동네 어귀에 들어섰다."는 말을 듣고는 고만 의식을 잃고 혼수상태로 들어갔을 것이다. 이렇게 보면 나이는 불과 37살밖에 안되지만 사약을 마시기 전에 자기 방으로 들어가 절명시絕命詩 한 수를 남긴 정암靜庵 조광조 같은 선비는 그 기개가 보통이 아닌 선비였을 것이라는 생각이 든다.

> 임금을 어버이처럼 사랑했고
> 나라를 내 집처럼 근심했네.
> 해가 아래 세상을 굽어보니
> 충정을 밝게 비추리
> (愛君如愛父… 昭昭照丹衷)

조광조 같은 선비의 죽음도 말할 수 없이 어리석고 약해빠진 임금 중종의 배신 때문이었다. 중종은 반정 후 권신들의 압력을 버티지 못하고 자기의 조강지처인 신愼 씨와 마음에 없는 이혼을 한 나약한 사람이 아니었던가!

사약을 받고 저승으로 간 사람들 중에는 죄를 지은 사람도 있었지만, 아무 죄가 없는데도 당파 싸움의 희생양이 된 사람들도 많았다. 이제는 사약이 없어진 지 100년이 넘은 민주주의 시대. 대한민국 정부가 들어선 후 오늘날까지 현대식 '사약'을 받은 사람이 여럿 있지마는 그들은 그 무서운 군사 정권 시절에나 있었던 일. 이제는 그 시절처럼 아무 죄 없는 사람을 잡아다가 자신도 모르는 죄목을 뒤집어씌워 목숨을 끊는 따위의 행위는 없을 것이다. 달팽이 걸음이지만 세상은 점점 더 인간의 존엄을 찾는 쪽으로 가고 있다는 생각이 든다.

(2007. 6.)

인간관계심리학

내가 E여자 대학교로 적을 옮긴 뒤로 3년째 계속해서 맡고 있는 과목의 하나는 ≪인간관계심리학≫이라는 학부과목이다. 과목 이름이 말해 주듯이 인간관계에 대한 거의 모든 것, 이를테면 가족관계, 우정, 애정, 행복, 결혼, 직장 등 사람과 사람 사이의 관계되는 것이면 무엇이든지 다루는 축소판 사회심리학 같기도 하고, 해물잡탕 같기도 해서 어디서 어디까지가 그 과목의 테두리 안에 있는지 분명치가 않을 때가 많다. 그러니 어떻게 보면 가르치기가 무척 쉽고, 또 어떻게 보면 가르치기가 무척 어려운 그런 과목이라고 할 수 있다.

내가 유학을 떠나던 1960년대 중반에는 이런 이름을 가진 학과목은 들어보지 못했다. 사람과 사람 사이가 점점 메말라 가는 현대사회에서 심리학적 원리를 적용하면 그 관계가 좀더 부드러워지지 않을까 하는 것이 이러한 과목을 교과과정에 넣은 사람들의 애당초 의도였을 것이다. 물론 이 과목이 인간관계에서 얼마나 큰 윤활유 역할을 하는지에 대해서는 알 길이 없지만.

여느 해도 마찬가지지만 강의 첫 시간에는 등록을 한 학생들이 너무 많아서 20여 명은 쫓아내야 하는 것이 큰 두통거리가 된다. 이 문제 해결을 위하여 나는 결석을 한 번 하면 최종점수에서 2점을 빼겠다고 엄숙히 선포한다. 그러면 학생들은 썰물 빠지듯 나가고 90명 안팎의 결사대만 남는다. ≪인간관계심리학≫은 첫날부터 이렇듯 교수 측의 불합리한 엄포 사격으로 시작되는 것이다.

강의 제목이 ≪인간관계심리학≫이다 보니 나는 첫 시간에 결석에 대해 엄포를 놓았던 사실은 까맣게 잊어버리고, 그 많은 학생들의 이름을 일일이 다 부른다. 출·결석을 체크하는 또 다른 방법이 있지만 소위 인간관계심리학이라며 학생 이름도, 얼굴도 모른다면 너무할 것 같은 생각이 들기 때문이다. 또한 머리가 다 큰 사람을 보고 결석 한 번 하면 최종점수에서 2점을 빼겠다느니 하며, 돌아서서는 "이제 너희들도 어른이 되었으니 알아서 해라." 하는 것은 말의 앞뒤가 맞지 않을 뿐 아니라 나의 철학에도 맞지 않기 때문이다.

그런데 내 생각으로는 대학에서 아무리 인간관계심리학을 필수로 넣고 가르쳐도 사람과 사람 사이의 관계가 더 부드러워

졌다든시 외로움을 느끼는 정도가 이전에 비해서 줄어들었다는 증거는 없는 것 같다. 오히려 그 반대가 맞지 않을까. 현대인의 생활방식이나 통신수단도 사람과 사람 사이의 표면적인 접촉을 증가시키지, 그 접촉의 질質은 올리지 못한다는 말이 맞을 것 같다. 요새 사람들은 하루에 많은 사람을 만나기는 하나 함께 보내는 시간은 더 짧다는 사회심리학 연구보고도 있다. 현대 통신의 발달은 사람과 사람 사이의 관계를 더 메마르게 만들고 형식적인 접촉을 권장한다. 예로 휴대폰이나 전자우편, 팩스는 통신 횟수는 늘어나게 하지만 상대방 얼굴을 대하지 않고 문제를 해결해 주는 경우가 많으니 결국 깊이 있는 인간관계는 줄어든다는 말이다. 텔레비전도 그렇다. 텔레비전은 무더운 여름 밤 옆집 아저씨와 맥주잔을 기울이며 세상 돌아가는 이야기를 나누기보다는 안방극장으로 가두지 않는가. 컴퓨터는 동네 아이들끼리 어울려 노는 풍습을 점차 찾아보기가 어렵게 만들고 있다.

사람을 떠나보내는 슬픔이나 맞는 기쁨도 많이 줄어들었다. "…남포로 임 보내는 구슬픈 노래/ 대동강 물이야 언제야 마르리/ 해마다 이별 눈물 보태는 것을(… 送君南浦動悲歌, 大同江水何時盡別淚年年添綠波)" 하는 천 년을 두고 세상 사람들 입에 오르내리는 정지상鄭知常의 절창은 요사이 같은 세상에야 현실감이라곤 전연 찾아볼 수 없는 공허한 시구가 되고 말았다. 지구의 어느 부분에 가길래 그렇게 애절한 이별이 있을까. 기차 정거장이나 공항에 나가 보라. 눈물 흘리며 작별을 아쉬워하거나, 서로 부둥켜안고 재회의 기쁨을 눈물로 맞이하는 사람을 찾아 볼 수 있는가를! 하룻밤만 지나면 뉴욕에 가서 점심을 먹을 수 있고 장거리 전화로 파리에 있는 연인과 시내 전화하듯 정담을 나눌 수 있는 현대사회에서는 이별의 슬픔도, 만남의 기쁨도 그 강도가 별로 대단치 않은 그저 그렇고 그런 밋밋한 세상이다. 내 눈으로 보진 못했으나 일본에서는 돈을 주면 기차 정거장에 나가서 잘 가라고 작별을 해 준다고 한다. 물론 눈물까지 흘려주는 것은 엑스트라, 돈을 더 내야 한다. 이 모두가 "나도 누군가 나에게 관심을 가져주는 사람이 있다"는 처절한 몸부림이요, 고독에서 벗어나려는 발버둥이다.

인간사회에서 외로움같이 가혹한 형벌은 없다. 사람을 외롭게 만드는 것도 인간이요, 외로움에서 벗어나게 하는 것도 인간이다. 흔히 인간의 많은 비극이 지나친 욕심 때문에 생긴 것이라는 말을 하지만, 내 생각에는 지나친 외로움에서 벗어나려는 욕망 때문에 일어난다는 말도 전연 무리가 없는 것 같다.

≪인간관계심리학≫도 이 외로움에 대한 저항이 아닐까?

(2002. 4.)

전자우편

나는 전자우편, 인터넷, 휴대전화니 하는 것들에 별 호감이 없다. 그러니 이 문명 시대에 전자우편 같은 것을 좋아하지 않는다는 것은 문화적으로는 아직도 원시 동굴 속 생활을 면치 못하고 있다는 말이다. 한국 E대학교에 있을 때는 때마침 정부에서 대학의 연구 활성화를 위해 BK－21(Brain Korea 21)이라는 대대적인 연구지원사업을 시작하는 덕분에 내 연구실에도 5명의 대학원 조교들을 둘 수 있었다.

내 연구실 조교들은 그야말로 여러 가지 면에서 뛰어난 능력을 가진 두뇌들, 이 똘똘이들 덕분에 나는 컴퓨터 키 한 번 만지지 않고 6년 반을 편하게 지내다 왔다. 좀 부끄러운 이야기지만 은퇴한 지금도 나는 2008년 봄으로 출간 예정을 하는 다음 수필집 육필(肉筆: 손으로 씀) 원고를 한국으로 보내면 옛날 대학원 조교였던 Y양이 타이핑을 해서 캐나다로 보내준다. 한번 해병이면 영원한 해병이라는 말이 있다더니.

무슨 이유로 이런 것들을 별로 좋아하지 않을까. 나도 시원한 대답을 할 수가 없다. 왜 자장면 보다 우동을 더 좋아하느냐는 물음에 논리적인 답변이 있을 수 없는 것과 마찬가지로.

사람이 살아가는 데 모든 게 너무 꽉 짜여 있어서 빈틈이랄까 어수룩한 구석이 없으면 '사는 맛'이랄까 '재미'가 없다고 생각해서 그런 것 같다고 하면 좋은 이유가 될까, 변명이 될까. 전자우편, 인터넷, 휴대전화니 하는 전자 제품에는 이 빈 구석이 없이 신속, 정확을 너무 강조한다는 생각이 든다.

물론 이 '재미'니 '사는 맛'이란 것도 어디까지나 내가 규정한 재미요, 내가 규정한 맛이다. 주위에서 일어나는 일뿐 아니라 사람도 그런 것 같다. 사람들은 좀 어리숙하고 어딘지 한 구석이 빈 듯한 데가 있는 사람에게 더 매력을 느낀다. 성현들을 봐도 그들은 신체적으로는 육체미가 넘쳐흐르고 정신적으로는 빈틈없고 날카롭기 칼날 같은 사람들로 보이지 않지 않는가.

옛날 중국에 곽휘원郭暉遠이란 사람이 먼데 벼슬살이를 하면서 자기 아내에게 편지를 보내는데 잘못하여 백지를 넣어 보냈다. 그의 아내가 남편에게서 온 봉투를 뜯어보니 안에 아무것도 없이 달랑 빈 종이 한 장뿐이 아닌가. 곧 바로 답을 써 보냈다.

푸른 비단 창 아래서 어르신께서 보낸 편지를 뜯어보니 처음부터 끝까지 흰 종이 뿐이오라. 아마도 어르신께서 이별의 한恨을 품으시고 말없는 가운데 저에 대한 그리움을 담으신 줄 아옵니다. (碧紗窓下啓緘封… 憶人全在不言中)

꿈보다 해몽이 좋다. 이 얼마나 아름다운 실수에 얼마나 재치 있는 대답이냐! 서울대학교 교수로 있다가 북으로 간 미술평론가요 수필가인 김용준은 곽휘원의 실수를 보면 그의 꿈, 그의 이상이 어느 곳에 몰렸는지 대번 알겠으며, 그의 성격은 시인이나 화가가 되기에 충분하다고 하였다. 어느 한 모퉁이에 빈 구석이 없고서는 시詩나 그림이 나올 수 없다는 것이 김용준 교수의 주장이다.

얘기가 다른 데로 갔다. 전자우편이나 인터넷에 지나치게 의존을 하면 우리의 인간관계는 나 ↔ 컴퓨터에 한정될 위험이 있다. 나=컴퓨터=세상살이란 말이다. 그리고 또 한 가지, 전자우편에서 오고 가는 정보는 어디까지나 감정은 뺀 정보라는 것을 잊어서는 안 된다. '너무 외로워서 눈물이 나요.'라는 메시지는 보낼 수 있지만 외로운 감정, 그 감정의 결과로 흐르는 눈물, 아래로 축 처진 목소리는 메시지로 보낼 수 없지 않는가. 미끄러지고 넘어지지 않는 산길은 오르는 재미가 적은 것처럼 쓰다듬고, 달래고, 목소리를 높였다 낮추었다 하는 부대낌이 없는 인생은 재미가 적다. 아무튼 나는 전자우편을 별로 좋아하지 않는다.

(2007. 4.)

토끼

5월에 이사를 온 후 H형 부부와 우리 부부가 아침저녁으로 산책을 하는 강가 길섶에 토끼 두 마리가 살고 있다. 산책길에서 자주 눈에 띄는 다른 토끼들과는 달리 이 녀석들은 사람을 봐도 겁을 내지 않고 도망도 가지 않는다. 자기 옆에 누가 있다는 것을 의식조차 하지 않는 것 같다.

생김새도 목 주위로 흰 목도리를 두른 것처럼 눈같이 하얀 테가 크게 둘러쳐 있는 것을 빼고는 온몸이 윤기가 반지르르 흐르는 새까만 털로 덮여 있어서 다른 토끼들보다는 좀 더 '귀족적'으로 생긴 것 같다. 아마 어느 집에서 그 집 아이들의 귀여움을 독차지하다가 새로 온 강아지에 밀려 주인이 이 숲에 갖다 버린 토끼들이지 싶다. 토끼가 말이라도 하면 물어 보겠으나 도대체 입을 열어 소리를 내는 일이 없으니 알 길이 없다.

하루 이틀 눈에 띄시 않을 때는 혹시 주위를 돌아다니던 고양이한테 무슨 변이라도 당하지 않았나 걱정되다가도 토끼가 다시 나타나면 그렇게 안심이 될 수가 없다.

그런데 나는 녀석들에 대해 몇 가지 궁금한 게 있다. 첫째, 두 녀석들의 관계다. 둘이 부부인가, 아니면 친구인가? 부부라면 애정의 표시가 있어야 하고, 친구라면 장난이 있어야 한다. 그런데 녀석들은 애정의 표시도, 장난도 없다. 서로 무심한 부부, 무심한 친구다. 붙잡아서 '거시기'를 살펴보면 대번에 알 수 있겠으나 산부인과 의사도 아닌 내가 어찌 함부로 남의 부끄러운 부분을…….

둘째, 녀석들은 음식을 두고 다투는 법이 없다. 다른 동물들은 서로 잘 지내다가도 먹을 것만 생기면 그만 서로 으르렁거리지 않는가. 그러나 이 토끼들은 음식을 두고 다투는 법이 없다. 먹은 것이 많아서 그럴까? 먹을 것이 남아돌아가는 데도 한 술이라도 더 먹으려고 욕심을 부리는 사람보다도 나은 것 같다. 사람은 다정하던 형제 사이에도 재산 다툼이 나서 '어디 법정에서 보자.'며 이를 갈지 않는가.

셋째, 녀석들은 희로애락(喜怒哀樂: 기쁨과 노여움과 슬픔과 즐거움)을 나타내는 법이 없다. 언제 보아도 무상무념(無想無念: 불교에서 말하는 모든 생각을 떠나 마음이 텅 빈 듯이 담담한 상태)의 초연한 상태. 생각을 하는지, 못하는지, 안 하는지 참 답답한 녀석들이다. 이렇게 무심하고 뚱한 녀석들이니 우리도 야단스럽게 반가워

해야 할 필요가 없다. '야, 저기 토끼 있네. 토끼야 여기 봐.' 정도의 실로 미적지근하고 감칠 맛 없는 인사 정도에서 그친다.

11월에 들어서니 바람이 차가워진다. 토끼가 걱정이다. 그런데 며칠 전 H씨가 즐거운 소식이라며 들려주었다. 동물보호협회에서 그 토끼 두 마리를 잡아 갔다는 것이다. 이 토끼들은 겨울 추위를 견딜 만큼 강하지 못하기 때문에 보호협회에 데려가서 겨울을 지나고 내년 봄에 다시 풀어 놓겠다는 것이다. 고마운 사람들. 명색이 동물보호협회니 토끼를 학대하지는 않겠지! H씨는 내년 봄에 다시 꼭 같은 장소에다 풀어놔 달라고 부탁했다고 한다.

오늘도 산책을 갔다가 토끼가 있던 풀섶을 지나갔다. 녀석들이 없으니 몹시 허전한 생각이 들었다. 인간이란 정情 때문에 웃고, 정 때문에 우는 나약한 존재. 모르는 사이에 우리 부부도, H씨 부부도 그 말 못하는 짐승에게 정을 준 모양이다.

토끼야, 부디 보호협회 선생님들 말 잘 듣고 몸 건강하게 겨울 보내거라. 내년에 새 울고 복사꽃 피는 봄이 오면 우리 또 그곳에서 만나자.

(2006. 11.)

풍수지리와 UN사무총장

반기문 외교통상부 장관이 유엔사무총장으로 당선되었다. 그야말로 세계적인 인물이 태어난 것이다.

그 때문에 반 장관이 태어난 충청북도 음성군 원남면 행치 마을을 찾는 관광객 수가 부쩍 늘어가고 있다는 신문기사를 읽었다. 이들 중 많은 사람들이 풍수인들로서 이들은 반 장관의 조상 무덤이 있는 곳, 태어난 집을 둘러보고 뒷산에 올라 마을 전체 모습을 구경하고, 마을의 땅 기운地氣을 살펴본다는 것이다.

어느 유식한 풍수는 반 장관이 태어난 마을 형세를 선학인가형(仙鶴引駕形: 고아한 학이 수레를 끄는 꼴) 이라 했다. 그는 또 "3개의 봉우리로 이루어진 조덕산이 반 장관이 태어난 집을 좌우에서 감싸는 가운데 오른쪽 봉우리가 강한 기운을 갖고 있어 반 장관이 고향보다는 타향에서 인정과 지지를 받게 된 것"이라고 해석했다.

이걸 들으니 참았던 웃음이 왈칵 터져 나온다. 그야말로 귀에 걸면 귀걸이, 코에 걸면 코걸이 식, 제멋대로 해석이다. 고려 때 안향安珦이라는 선비가 굿을 해서 나쁜 귀신을 쫓아낸다는 무당들을 감옥에 집어넣어 버린 지가 600년 넘는 세월이 흘렀지 않는가. 하늘에는 소리보다 더 빠른 비행기가 날고, 땅에는 전자통신이 몇 초 안에 지구촌에 살고 있는 사람들에게 소식을 전해주는 2006년, 그러나 우리는 600년 전 고려 때로 되돌아가는가, 언론에서는 이 우스개 같은 말을 마치 어느 유명 내과의사의 진단이나 되는 것처럼 떠들어 댄다.

심리학 같은 행동과학에서 쓰는 말로 '사건 후 설명', 영어로 말하면 post－hoc explanation 이라는 게 있다. 문자 그대로 어떤 현상이 일어난 후에 왜 그 현상이 일어났는가를 설명하는 것, 예를 들자면 자살 사건이 일어난 후에 왜 자살 사건이 일어났는가 그 이유를 찾는 것이다. 이와 같은 사건 후 설명은 화려한 추측만 무성케 하여 과학적 설명을 하지 못하기 때문에 사회과학에서 권장하는 설명 방법이 아니다.

과학의 목적은 모든 현상을 설명하고, 예언, 통제하는 데 있다. 예로, 마약 중독자가 어떤 특징을 가지고 있는가를 묘사하는 것은 설명에 속한다. 이것은 모든 행동 과학의 출발점이랄까 초기 단계에 지나지 않는다. 한 발 나가면 앞으로 어떤 경우에 마약 중독자가 되는가 하는 미래를 내다보는 예언이 나온다. 그 다음에는 앞으로 어떻게 하면 마약 중독을 예방할 수 있는가 하는 통제 문제다. 물론 이 3요소가 반드시 단계별로 일어나는 것은 아니다.

반 장관의 경우, "조덕산 세 봉우리의 기운 때문에 반 장관이 유엔사무총장이 되었다."면 사무총장이 되고 난 후가 아니라, 되기 전에 이 사실을 예언했어야 했다. 그 전에는 말 한마디 없다가 사무총장이 되고 나서 산山 기운 때문에 총장이 되었다고 그럴듯한 설명을 끌어대는 것은 조금도 믿을 수 없는 사건 후 설명에 지나지 않는다.

박정희 장군이 5 · 16 쿠데타에 성공하여 대통령이 되었을 때 풍수인들은 박 대통령이 태어난 집에서 바라보이는 앞 산山에 있는 흰 색깔의 큰 바위가 정기를 뿜어 그 기운으로 박정희가 대통령에 오를 수가 있었다고 했다. 그 다음, 박 대통령이 김재규의 총탄에 맞아 명命대로 살지 못하고 죽었을 때 풍수인들은 그 흰 색깔의 바위가 나쁜 기운을 내뿜어 그런 비극을 맞았다고 한다.

그런데 언론에서는 역대 대통령들이 선조들의 묘를 잘 썼기 때문에 대통령이 되었다는 풍수지리 해석을 무슨 과학적 연구 보고서나 되는 것처럼 끌어댄다. 문제는 수준 낮은 언론이다.

조상 산소의 위력이 이처럼 대단한 것이라면 자기가 죽으면 화장해서 그 재를 바람에 날릴 낭만적인 생각을 하는 사람들은 후손의 번영을 위해서 다시 한 번 생각해 볼 일이다.

그런데 모두가 죽은 사람 때문에 산 사람이 이렇게 큰 덕을 본다고 하니 천당이나 극락은 살아있는 사람에게도 그야말로 막강한 영향력을 행사하는 모양이다.

(2006. 11.)

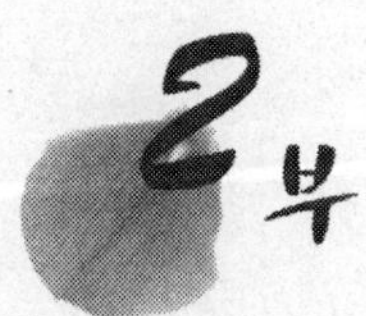

2부

꽃 피고 세월 가면

내가 다니던 초등학교는 안동군 예안면 면소재지에 있는, 당시 불리던 이름은 예안국민학교였다. 뒤로는 산꼭대기에서 돌을 던지면 학교 지붕 위에 떨어질 것 같은 가파른 선성산宣城山이 버티고 있고, 학교 정문 앞에서 2분만 걸어가면 둑을 따라 낙동강이 유유히 흐른다. 여름이면 뒷산에서 울어대는 매미 소리가 교실을 시끄럽게 하고, 가을이면 뒷산 나뭇잎이 교실 뒷벽에 쌓인다. 한 학년에 두 학급밖에 없는 이 작은 학교에서 우리는 6년 동안 머리를 맞대고 책 읽고, 노래 부르고, 싸움박질하고, 공차며 뛰어 놀았다.

집에서 학교에 가자면 강을 건너 들판을 지나 늘매마을 뒤로 청현靑峴이라는 작은 고개를 넘고 또 신작로를 따라 20여 분 걸어야 했다. 청고개마루에 올라서면 도산서원이 보이고 오른쪽 멀리 청량산이 보였다. "청량산 육륙봉을 아는 이 나와 백구/ 백구야 헌사하랴 못 얻을 손 도화로다/ 도화야 떠지지 마라 어주자 알까 하노라" 하는 퇴계 선생의 노래에 나오는 그 유명한 산이다. 봄, 여름으로 날씨가 좋은 날은 고갯마루 잔디에 누워 하늘에 떠가는 구름을 보고 혼자서 노래를 부르곤 했다. 아직 자연의 아름다움을 감상할 수 없었던 어린 나이였으니 하늘에 떠가는 구름을 바라보는 것도 산골 아이에게는 하나의 구경거리였다.

초등학교를 졸업하고는 고향집에서 50리 떨어진 안동으로, 안동에서 대구로, 대구에서 다시 서울로 옮겨가면서 학교를 다녔다. 아내를 만난 것도 서울에서 대학을 다닌 덕분이다. 1966년 9월 12일, 나는 공부를 더할 꿈을 안고 김포공항을 떠났다. 떠나기 바로 전날 을지로 입구 어느 양식집에서 조촐한 약혼식을 가졌고, 식이 끝나고 근처 어느 사진관에 가서 기념사진도 찍었다. 지금도 침실 벽에 걸려 있는 38년이 넘는 그 흑백사진을 들여다보면 활짝 핀 우리들의 젊은 날 위에 지나간 세월의 그림자가 어른거린다.

비행기에 오르던 날 주머니 속 깊숙이 넣어둔 미화 60불이 나의 전재산이었다. 법으로 허용되는 미화 200불이 없어서 그렇게 된 것이다. 이렇게 유학을 간답시고 한국을 떠나는 나를 부러워할 사람도 있었을 것이다. 그러나 고작 미화 60불을 가지고 말도 잘 통하지 않는 나라에서 공부를 한다는 것이 나를 여간 불안하게 만드는 것이 아니었다.

학위가 끝난 1970년에 캐나다 서부 어느 조그마한 산골 대학에서 교편을 잡다가 3년 후에 스스로 사표를 던지고 연구를 한답시고 미국 매사추세츠대학으로 갔다. 그리고는 주인 잃은 사무라이처럼 이곳저곳을 옮겨다니다가 1977년 7월부터 토론토와 미국 데트로이트 중간 지점에 있는 웨스턴 온타리오 대학교에 가게 되었다. 그 대학이 내가 한국에 오기 전까지 22년간 내 발목을 잡고 있던 대학이 되었다. 솔직히 말해서 그 대학에 있는 22년 동안은 가르치는 재미나 보람보다는 생존경쟁에서 살아남기 위한 투쟁의 연속이었다는 말이 더 맞을 것이다.

1999년 8월 6일, 나는 이화여자대학교와 인연을 맺게 되어 33년의 바다 밖 생활을 청산하고 26세의 청춘으로 떠났던 그 김포공항에 60세의 노인이 되어 돌아왔다. 웨스턴 온타리오 대학교에서 5년을 보내는 것이 이화여자대학교에서 1년을 보내는 것과 맞먹는다는 생각이 들 만큼 하루하루가 재미있게 휘딱휘딱 지나갔다. 군자君子는 몸은 바빠도 마음은 여유로워야 한다는데 나는 군자도 아니면서 마음에 생기가 돌고 자신감이 생겼다. 바빠도 재미가 있었다. 캐나다와는 달리 매일 아침 책가방을 들고 문을 나서는 기분은 마치 소풍 길에 나서는 초등학교 학생처럼 가벼웠다. 저절로 콧노래가 나왔다. 어쩌면 학생들이 그렇게 귀여울까. 모두들 꽃망울처럼 귀여운 무공해 소녀들…. 하나같이 명민하고 발랄한 학생들을 대할 때면 '이런 젊은이들과 같이 시간을 함께 보낼 수 있는 내가 참 복이 많은 사람이구나.' 하는 생각이 든다. 이렇게 눈 맑은 소녀들을 앞에 두고 내가 게으름을 피우면 무슨 큰 죄라도 저지른 것같이 생각된 때도 있다.

여기서는 캐나다에서처럼 느닷없이 기어오르거나 깐죽거리는 놈도 없다. 시험점수를 잘못 받았다고 불만에 찬 놈도 막상 찾아와서는 "죄송합니다." "선생님 정말 죄송해요" 하는 말만 되풀이한다. 깐죽깐죽 따지는 서양과 아직도 사부일체(師父一體: 스승은 부모와 같다)의 정신적 유산이 남은 동양의 차이를 눈으로 보는 것 같았다. 교수와 학생 간에 평등을 부르짖던 내가 이처럼 "선생님" "선생님" 하며 떠받드는 것을 좋아할 줄은 나 자신도 미처 몰랐다. 이걸 두고 대접받고 산다고 하던가? 한국교육의 천장이 무너졌네, 어쩌니 해도 한국이 아직은 선생 해 먹기에는 천국이라는 생각이 들었다.

1999년 9월 학기부터 시작한 이화대학이 꼭 2학기만 지나면 물러갈 때가 된다. 2학기라면 햇수로는 만 1년이지만 이 1년은 먼동 터오듯 빨리 다가올 것이다. 캐나다에 있을 때는 한국에 가면 매 주말이면 고향을 다녀올 줄 생각했는데 시간이 바빠 일년에 한두 번이 고작이었으니 가보질 못하기는 여기 있으나 거기 있으나 다름이 없다.

지금은 수몰지구가 되어 아침저녁 학교를 다니던 예안읍으로 가는 신작로 길은 열 길 물 속에 잠겨 버렸다. 고향마을도

"여기가 거기였던가?" 하고 짐작도 어려울 정도로 변해 버렸다. 청고개도 오르내리던 사람 발길이 끊어지고 고개 위로는 자동차 길이 나 있다. 적막강산… 찾아오는 사람 없는 이 고개에 봄이 오면 들꽃들이 피었다 진다. 청고개 마루에서 우리 집으로 내려가는 길은 이름 모르는 나무와 잡초가 어울려 마치 비무장지대 같은 폐허를 이루고 있다.

멀리 청량산淸凉山에서 흘러나온 내 영혼의 핏줄이 잠시 쉬었다 가는 청고개…. 그러나 내 마음속에 간직된 고개는 오늘의 청고개가 아니라 50년 전, 사람 지나가는 소리 들리고, 꽃 피고 새 울던 그 옛 고개이다. 꽃 피면 세월 가는 것, 하늘에 떠가는 구름도 갈 길이 다하면 내려앉을 땅이 있다는데 행려병行旅病환자도 아닌 나는 세월에 밀려 또 어디로 갈 것인가.

(2004. 11.)

사랑도 벗어놓고 미움도 벗어놓고

청산은 나를 보고/ 말없이 살라 하고
창공은 나를 보고/ 티 없이 살라 하네
사랑도 벗어 놓고/ 미움도 벗어 놓고
물처럼 바람처럼/ 살다가 가라 하네

위에 적은 것은 고려 공민왕의 스승 나옹선사가 지은 노래로 알려져 있다. 나옹선사는 경북 단양군에 있는 절 대흥사大興寺에 딸린 작은 암자 원통암을 짓고 거기서 수도를 하였다.

그의 제자 무학無學은 이성계가 조선을 세울 때 도읍을 한양漢陽, 즉 지금의 서울로 정하는데 결정적인 역할을 한 것으로 알려진 고승이다. 그런데 우리는 과연 사랑도 벗어 놓고, 미움도, 욕심도 벗어 던질 수가 있을까? 앞뒤 집 현실을 봐도 그렇고, 나라 사이에 일어나는 일을 봐도 그렇고 그 대답은 '아니오'가 되어야 할 것 같다. 매일 서로 싸우고, 죽이고, 미워하고, 시기하는 현실에서 "하늘에는 별이 있고, 땅에는 꽃이 있고, 사람에게는 사랑이 있어서 세상은 아름답다."는 말은 그다지 실감이 나질 않는다.

다음과 같은 두 개의 가상적인 상황 A와 B를 생각해보자.

상황 A: 당신에게는 5만 불이, 주위 다른 사람들에게는 4만 불이 생긴다.

상황 B: 당신에게는 10만 불이, 주위 다른 사람들에게는 20만 불이 생긴다.

미국 하버드 대학교 어느 심리학자가 이 같은 두 상황 A와 B를 학생들과 직원들에게 동시에 제시하고 자기가 당하고 싶은 것을 골라보라고 했더니 상황 A를 택하는 사람들이 훨씬 더 많았다고 한다. 다른 사람들은 4만 불을 버는데 나는 5만 불만 벌어도, 10만 불을 벌며 20만 불 버는 남에게 뒤지는 것보다는 나으니 행복하다는 논리다.

행운이란 것도 행운의 객관적인 크기와는 별 관계가 없다. 모든 사람에게 골고루 돌아오는 행운보다는 다른 사람들에게는 오지 않고 나에게만 떨어지는 행운이 더 달콤한 것이다. 오스카 와일드(Oscar Wilde)가 한 말처럼 "내가 성공하는 것만으로는 안 된다. 다른 사람들이 실패해야 한다."(It is not enough that I succeed. Others must fail.)

앞에서 말한 하버드 대학교 실험을 보면 나의 행복은 어느 정도 남에 의해서 결정된다는 것을 알 수 있다. 행복은 절대적인 것이 아니라 상대적이다. 이런 이유로 물질적으로는 오늘의 가난한 사람들이 200년, 300년 전의 부자처럼 살지만 상대적으로 남보다 못하기 때문에 자기는 가난한 사람으로 생각하는 것이다.

행복감이 이렇다면 불행감도 마찬가지가 아니겠는가. 홍수에 과수원이 물에 잠긴 사람은 같은 홍수에 집이 떠내려 간 사람이 있다는 것을 알면 불행감을 덜 느낄 것이고, 집이 떠내려 간 사람은 같은 홍수에 목숨을 잃은 사람이 있다는 것을 들으면 그의 불행감은 줄어들 것이다.

그렇다면 내가 부도덕하거나 부끄러운 행동을 했을 때 수치심이나 죄의식을 느끼는 정도도 결국 주위사람들에 달려 있지 않을까. 이렇게 협박, 공갈, 사기, 갈취가 판치는 세상에서야 가짜 서울대학교 학생 행세를 했기로서니 그게 뭐 부끄러워 목을 맬 일인가! 그래서 우리의 착한 양심은 점점 한국의 정치하는 사람들을 닮아간다.

행운이 내게 왔을 때 나보다 더 적은 행운이 온 사람이 있다는 것을 생각하고, 불행한 일이 일어났을 때는 나보다 더 불행한 일이 일어난 사람들이 있다는 것을 잊지 말자.

그러면 우리는 큰 행복감을 느낄 때는 드물겠지만 '이렇게 비참할 바에야 당장 죽는 게 낫다.' 싶을 정도의 큰 불행감도 느끼지 않을 것이다. 우리 인생길은 기복이 적은 평탄한 길이 된다.

나옹선사의 "사랑도 벗어놓고, 미움도 벗어 놓고"라는 말은 바로 이런 바탕에서 나온 말이 아닐까.

(2007. 8.)

사진

벌써 10년이 넘었다. 큰누나가 당신이 가지고 있던 내 얼굴이 들어가 있는 사진을 모두 나한테 되돌려 보냈다. 서른 장은 될까? 그 사진 뭉치는 우리 부부가 아이들과 노는 장면, 식구 생일날 찍은 것 등 캐나다에 살 때 우리가 사는 모습을 한국에 있는 큰누나에게 알리는 것들이었다. "갈 날이 멀지 않은 사람이 사진을 가져 뭘하노. 다 주인한테 돌려줘야지. 이제 모든 것을 정리할 때다."라는 요지의 설명까지 붙이셨다. 분명한 기억은 나지 않으나 그때 누나 나이 일흔 살은 훨씬 넘었지 싶다.

언제부터인지 나도 사진기 앞에 서는 것에 흥미를 잃어버렸다. 요사이는 누가 사진 찍자고 팔을 잡아 끌기 전에는 카메라 앞에 좀처럼 서질 않는다. 2004년 여름에 학생들과 미국 심리학회에 참석하느라 호놀룰루에 간 적이 있다. 학생들은 공항에서부터 발 한 짝 떼어 놓을 때마다 카메라 셔터를 눌러댔다. 나도 들어오라고 하도 성화를 하길래 그들과 어깨동무를 하고 카메라 앞에 선 적이 여러 번 있다.

하와이 여행에서 돌아왔을 때는 내가 들어간 사진이 모두 30장은 넘었지 싶다. 꽃다운 청춘, 추억을 남기고 싶은 나이다. 학생들이 처음 밟는 하와이 땅, 그들에게는 보는 것마다 놓치고 싶지 않는 장면이요, 떠나보내고 싶지 않은 순간이었을 것이다. 이런 추억의 장면을 한 장의 사진에 '영원히' 담고 싶은 욕망이 왜 없을까. 그러나 알고 보면 이 영원이란 것도 기껏해야 6, 70년을 넘지 못하는 영원인 것을. 나는 학생들의 젊음을 몹시 부러워한다. 어떤 때는 학생들 행동을 보면 '아니, 꼭 그렇게 해야 되나?' 하는 생각이 들다가도 '이게 바로 젊음의 특권인데…….'를 생각하면 이내 풀이 죽고 만다.

우리 집에는 100년 세월이 흘러 색깔이 누렇게 바랜 사진 한 장이 있다. 그 사진에는 20대의 한 젊은이가 사냥총을 어깨에 메고 있고 그 옆에는 사냥몰이꾼 서너 사람과 그날 사냥한 멧돼지 한 마리가 있다. 사냥총을 멘 젊은이는 나의 아버지이다. 사냥한 멧돼지를 '영원한' 기념으로 남기려는 사진이었을 것으로 우리 집에서는 가장 오래된 사진 중의 하나이다.

큰누나는 당신 얼굴이 있는 사진도 버리지만 나는 아직 그 정도는 아니다. 사진 찍는다는 것이 그다지 즐겁지는 않다는 말뿐이다. 그러니 아직까지 찍은 사진은 정성스럽게 보관한다. 언제고 나도 누나처럼 가지고 있는 사진 모두를 버리고 싶은 때가 오고야 말 것이다. 지금부터 한 5, 6년이 지나면 그때일까?

1966년 9월 12일, 이 날은 내가 유학을 떠나기 하루 전이요, 아내의 생일임과 동시에 우리의 약혼날이기도 했다. 그날 우리는 을지로 입구에 있는 어느 양식집에서 약혼식을 마치고 길 건너 사진관에 가서('허바허바'였던가?) 기념사진을 찍었다. 지금은 그 약혼사진을 노트장만 하게 확대해서 침실 벽에 걸어두고 아침저녁 들여다본다. 내 헤어 스타일, 넥타이에는 촌티가 줄줄 흐르지만 얼굴은 활짝 피어난 청춘이다. 만일 그때 이 기념사진을 찍질 않았더라면 오늘 무엇이 남아 있을까?

사진을 찍는다는 것은 어떤 상황을 기념하자는 것이다. 그런데 그 상황이란 것이 결혼식이나 첫 아기의 돌잔치 같은 것도 있고 '내가 언제 이런 장소에 있었던가?' 할 정도로 자신은 까맣게 잊어버렸다가 사진을 한참 들여다보고 나서야 '아, 그때….'를 회상하는 경우도 있다. 사진을 찍고 난 그 순간부터 그 상황에 얽힌 사연은 다시 돌아올 수 없는 과거가 되고 마는 것이다.

나는 추억을 만들기 위해 사진기 앞에 서는 것을 별로 좋아하지 않는다. 그것은 마치 먼 길을 떠나는 연인에게 포옹을 하는 것이 관례라고 해서 마음에도 없는 포옹을 하는 것과 마찬가지인 것 같은 생각이 들기 때문이다. 결혼 피로연에서도 신랑신부와 함께 사회자는 술잔을 치켜들고 "축배"를 외치는

데 결혼식에 온 손님들은 술은커녕 술잔도 없을 때가 많다. 코카콜라나 따라 마시는 빈 종이컵을 들고 소리치는 그야말로 텅 빈 축배다. 기억에 남는, 일생에 한 번밖에 없는 결혼은 이렇게 사진 찍기 위한 행사로 시작되어 사진 찍기 위한 행사로 끝나는 것이다.

추억 속에서 사는 사람보다는 추억을 남기는 사람이 되어야 할 텐데…. 오늘도 침실 벽에 걸린 38년 전의 약혼 사진을 물끄러미 바라보았다. 그때의 정(鄭)양이 오늘의 정 씨 할머니가 되었고 촌티나던 내 머리에 백발이 왔다. 세월…, 그것이 한 짓이다.

(2004. 11.)

시인 연산燕山

1995년 여름 어느 날, 나는 옛날 한국에 있을 때 같은 서실, 같은 스승 밑에서 붓글씨를 썼고 지금은 강원대학교에서 한문학을 가르치고 있는 황재국 박사의 안내로 도봉구 방학동 한 구석에 나란히 누워 있는 무덤 2기基를 찾았다. 나와 그 무덤 속 주인공 되는 사람들과는 서로 아무 인연도 닿지 않는 그런 사이지만 그들에 관한 얘기를 하도 많이 들어서 그런지, 마치 열여섯 나이에 죽은 옛 동무의 무덤 앞에 선 것처럼 아련하고 쓸쓸한 심회가 배어드는 그런 무덤, 조선 제10대 임금 연산군燕山君의 무덤을 두고 하는 말이다.

이 세상을 다녀감에 한 없고 원 없는 사람이 있을까마는 제왕의 높은 자리에 올라서도 모정의 그리움이 한이 되고 원이 되어 실정失政을 부르고 31세의 나이에 왕좌에서 쫓겨나 병들어 죽은 임금은 드물 것이다.

왜 연산군의 이야기는 이처럼 오랫동안 여러 사람들의 관심을 끌까? 내 생각에는 다음 이유 때문이지 싶다.

우선 연산군은 출신 성분부터 무척 흥미롭다. 연산군은 본래 우리가 말하는 소위 정실 왕비의 몸에서 태어난 사람이 아니다. 그가 태어날 당시는 그의 생모 윤尹 씨가 왕후의 자리에 있었지만 애당초 윤 씨가 성종의 눈에 든 당시는 일개 궁녀의 신분이었다. 미천한 궁녀의 신분에서 지엄한 왕후 자리까지 승진을 했으니 개천에서 용이 난 셈이다.

둘째, 연산군의 이야기는 연산 당대에서 시작되는 것이 아니요, 여러 이름을 거슬러 올라가서 시작된다. 다시 말하면 연산군 이야기의 서곡은 제7대 임금 세조 때 시작되어 8대 예종, 9대 성종을 거쳐 제10대인 연산군이 왕위에 오르고 나서야 비로소 막이 오른다. 그래서 이 연산군의 이야기에 직접 간접으로 관련된 사람은 임금만 해도 여럿이요, 신하들은 수십, 수백 명이 된다. 그러니 연산군에 얽힌 이야기는 조선 초기의 정치 상황 전반에 걸치는 것이라 할 수 있다.

셋째, 연산군이 잘했던 못했던 간에 우선 그 이야기의 줄거리는 하나의 복수극이다. 복수극치고도 아주 통쾌한 복수극이다. 앞에서 말했지만 연산은 일개 궁녀의 몸에서 태어나서 천신만고 끝에 왕좌에 오르게 된다. 그 사이에 생모 윤 씨는 궁녀들 간의 시기와 질투, 궁궐 안팎에서의 권력암투에 희생양이 되어 쫓겨나 사약을 받고 죽는다. 그 훗날 왕위에 오른 아들 연산은 자기 생모에게 사약을 내리는 데 가담했던 사람은 정승이고 판서고 궁녀고 아버지 성종의 후궁이고 하나도 남기지 않고 무자비하게 보복을 한다. 그래서 연산군의 이야기는 눌려 지내는 서민들에게는 일종의 가학적 통쾌감을 가져다주는 면이 있다.

후세 사람들은 연산군을 두고 '폭군'이라는 말을 서슴지 않는다. 그러나 그를 진정 미워하는 사람은 드물다. 설사 그를 폭군이라 부른다 해도 그 말의 밑바닥에는 '불쌍한 폭군'이라는 동정심이 깔려 있다. 그가 어두운 배경을 가진 약자로 출발한 이유도 있지만 그의 복수는 권력 투쟁에서 시작된 것이 아니요, 자기 어머니를 죽인 사람들에 대한 복수였기 때문이다. 어머니를 위해서 자식이 하는 일을 미워하는 사람은 비교적 적다.

만일 어머니 윤 씨가 폐비로 사사되질 않고 소년 연산이 생모 밑에서 정상적인 성장과정을 거쳐 자기 자신을 통제하거나 억제하는 자기훈련을 배워 왕위에 올랐다면 그는 세종에 못지않을 감성 풍부하고 자상한 성군聖君이 되었을 것 같은 생각이 든다.

연산군이 생모 윤 씨의 사사 전모를 알게 된 것은 연산이 왕위에 오르고 나서도 여러 해가 지난 후였다. 임사홍 부자의 도움을 얻어 폐비 윤씨의 생모 신愼 씨를 만나 폐비 때의 일을 자세하게 알게 되었다고 한다. 바로 그 이튿날 갑자사화의 피비린내가 대궐 안을 메우게 된 것이다.

용렬한 자질로
왕위에 있은 지 십 년인데,
너그러운 정사政事 못하니
부끄런 마음 금할 길 없네…….

사물을 궁리하니 하늘보다 높고
인간사 헤아리니 꿈속과 같네
공명에 얽매임은 한갓 부질없는 짓…….

연산군이 오로지 황음荒淫에만 전념했던 단순하고 충동적인 군주가 아니요, 생각 많기로는 셰익스피어 비극의 주인공 햄릿(Hamlet)에 못지않다는 것은 위의 시를 보면 알 수 있다. 연산 11년에 지었다 하니 술에 취하고 궁녀들의 분 냄새에 취한 연산은 우울증에 시달리는 환자처럼 생의 허무와 자기 능력의 한계를 느끼고 자포자기의 늪에 빠져 들어가며 허우적거린 것을 알 수 있다. 시인 연산은 결코 자기 자신의 잘못을 모르는 군주가 아니었다.

인생은 풀섶의 이슬과 같아서　　人生如草露
서로 만날 때가 많지 않을 것　　會合不多時

중종 반정이 있기 바로 며칠 전, 연산은 이 시를 읊으며 눈물을 흘렸다 한다. ≪연산일기≫에 흩어져 있는 연산의 한시를 긁어모아 우리말로 옮긴 신봉승님에 의하면 이것이 연산이 남긴 마지막 시다.

1506년 연산 12년 9월, 강화도로 쫓겨난 서른한 살의 청년 연산은 병이 들어 11월 달에 한 많은 생을 마감하였다. 도봉의 무심한 봉우리가 멀리 바라보이는 방학동 한 구석에 누워 있는 연산, 연인 장록수는 어디 두고 그 무던한 신 씨와 함께 누워 있는고?

주위를 20미터의 철조망으로 둘러서 가까이 가서 참배조차 올리지 못하게 해놨으니 우리말로 적힌 '연산군의 묘'라는 푯돌이 없으면 누구의 무덤인지도 모르고 지나가기 십상인 그런 무덤이다.

무덤을 뒤로하고 몇 발자국 걸어나오니 자동차의 소음으로 붐비는 거리, 마치 타임 터널(time-tunnel)을 타고 옛날로 갔다 돌아온 기분이다. 고등학교 때 영어 부독본에서 읽은 어빙(W. Irving)의 소설에 나오는 립 밴 윙클(Rip van Winkle) 생각이 났다. 윙클 씨는 산속에서 잠만 자다가 세상에 다시 나왔지만 나는 해와 달이 숨바꼭질하기 사백여든두 번이 넘도록 모정의 한몽(恨夢)에서 깨어나지 못하고 있는 시인 연산을 만나고 오는 것이다.

(1995. 9.)

악극樂劇

나는 소위 클래식 음악이라 불리는 심포니나 오페라 류類의 서양음악에 대한 흥미가 별로 없다. 그러니 그에 대한 이해도 물론 수준 이하이다.

그러다 보니 남는 것은 신토불이身土不二 우리 음악뿐이다. 우리 음악 중에서도 대중가요, 대중가요 중에서도 해방 전 여명기부터 자유당 정권 말기 사이에 나와서 인기를 끌었던 〈비 내리는 고모령〉, 〈굳세어라 금순아〉, 〈낙화유수〉, 〈물방아 도는 내력〉 따위의 뽕짝밖에는 좋아하는 것이 별로 없다. 가까운 친구들은 매우 저속한 취미를 가졌다고 비아냥거리나 시골뜨기로 태어나서 좋아하는 노래 몇 곡이라도 있다는 게 대견하지 않는가.

아이들이 중학교에 다닐 때였지 싶다. 우리 집에서 40분 거리에 셰익스피어 연극으로 이름이 난 인구 3, 4만 명이 될까 하는 Stratford라는 도시가 있다. 이 도시에서 여름이면 셰익스피어 연극을 하는데 자동차로 며칠이 걸리는 먼 거리에서도 그 연극을 보러 온다. 그런데 우리는 불과 40분 거리에서 10년 넘게 살면서 그 연극 한번 보질 않았으니 어찌 문화인이라 하겠는가!

그래서 하루는 온 식구가 문화가족이 되는 데 의견을 모았다. 장모님, 우리 부부, 두 아이들 이렇게 모두 표 5장을 샀다. 그리고 연극을 보고 돌아오는 길에는 식당에 가서 고가高價의 저녁을 먹기로 했다. 그림 같은 문화인의 생활!

드디어 기다리던 공연날이 왔다. Stratford 극장에 가서 가장 엄숙한 표정으로 자리를 찾아 앉았다. 그런데 나는 연극이 시작된 지 채 10분이 안되어 졸음이 와서 도저히 견딜 수가 없었다. 꾸벅꾸벅 졸다가 눈을 떠 보면 무대 장면은 그대로다. 조금 전에 나왔던 배우들이 말만 주고받는 연극.

나는 고등학교와 대학교 때 셰익스피어 극본을 우리말로 번역된 것을 읽었기에 그 내용은 대충 알고 있었다. 그러나 나 같은 행복한 돼지에게 연극이란 죽이고 살리는, 다시 말하면 치고 박는 장면이 있어야 재미가 있는 법, 그런데 지금 내가 보고 있는 연극은 무대 변화라고는 조금도 없는 심리분석 따위의 지루하기 짝이 없는, 생각하는 연극이 아닌가. 90분이나 되는 시간을 자다 깨다 하품에다−. '저럴 것을 왜 비싼 돈 주고

들어왔나?' 하는 생각이 들 정도의 보기에 민망한 행동이었다.

장모님은 정말 흉볼 만했다. 장모님은 1924년생. 연극 대사의 이해도 이 사위보다 못하니 공연 내내 대여섯 번 눈을 떠서 주위를 빙 돌아보시다가는 다시 스르르 아득한 꿈의 세계로 빠져드는 즐거움.

무정한 시간은 흘러 드디어 연극은 끝났다. 이제 저녁을 먹으러 가는 순서다. 그런데 뜻밖에 두 아들녀석들이 서로 약속이나 한 듯 식당에 가기를 거부하는 게 아닌가. 화가 나도 몹시 난 모양이다. 녀석들의 불만 이유는 간단했다. 소위 애비라는 사람은 연극이 시작된 지 10분이 채 안되어 꾸벅꾸벅 졸거나 하품만 하는 데다가, 할머니는 코까지 골아가며 꿈나라를 헤매고 계시니 주위 사람들 보기에 이게 무슨 창피냐는 것이다. 이래서 오랜만에 가문의 명예를 걸고 계획된 문화생활은 수준 낮은 두 관람객 때문에 산산조각이 나고 내내 장례식 분위기로 집에 돌아왔다.

그러나 한국을 나가 있던 6년 반 동안은 해마다 음력설이면 세 방송사가 기획하는 악극은 한 번도 빠지지 않고 다 가 보았다. 내가 오페라보다 악극이나 뽕짝 따위를 더 좋아한다는 소문이 나자 하루는 학생 하나가 "선생님은 왜 그런 음악을 좋아합니까?" 하고 물었다. '그런 음악'이란 4마디에는 경멸이 가득 깔려 있었다.

나는 이 질문에 일종의 분노 같은 것이 치밀어 오르는 것을 느끼면서 다음과 같은 내용으로 답을 하였다.

"언순(가명)이는 오페라를 듣고 배우들이 주고받는 말 내용을 다 알아? 또 오페라에 담긴 이야기에 공감을 해? 아마 아닐 거야. 그러나 우리 악극은 배우들이 주고받는 말도 다 알아들을 뿐더러 그 이야기에 공감을 하지. 서양의 음악이나 오페라는 귀로 듣고 눈으로 봐. 그러나 우리 음악은 가슴으로 듣고 가슴으로 봐. 셰익스피어 비극을 보고 설사 주고받는 말을 다 알아도 언순이는 울지 않을 거야. 왜 그런가 생각해 봤어? 문화의 차이, 정서의 차이 때문이야. 계모 밑에서 자란 자식은 배불리 먹어도 살이 찌는 법이 없다는 말 들어봤어? 그게 정이 통하지 않아 그런 거거든. 정이란 것도 크게는 정서의 일부야…. 그리고 나는 시골사람이야. 시골사람이란 걸 큰 자랑으로 여기는 시골사람이라구."

말이 되는지 몰라도 내가 평소에 생각하던 말을 뱉어 놓고 말았다. 그런데 요사이 은퇴했다고 집안에만 틀어박혀 있다 보니 그 클래식 음악이 점점 좋아진다. 내가 나를 잘 몰랐던가?

(2006. 8.)

울음

우리는 여러 가지 일로 운다. 배우자를 잃었을 때는 물론, 자신이 서러운 일을 당하거나 남에게 불행한 일이 일어나는 것을 보고도 운다. 흘러간 옛 노래가 나오는 〈가요무대〉 같은 텔레비전 프로그램에서 〈비 내리는 고모령〉이나 〈불효자는 웁니다〉 같은 애조 띤 노래가 나오면 금시 손수건을 찾는 사람도 있다.

그렇다고 꼭 슬픈 일을 당해서 우는 것만은 아니다. 로또 복권에 당첨이 된다든지, 결혼식장에서 부모님께 드리는 인사에서도 신부 되는 사람은 울고(신부가 결혼식장에서 좋아서 너무 방긋방긋 웃기만 하는 것은 철따구니없어 보인다.) 고생고생해서 키운 딸이 신랑의 손을 잡고 손님들에게 인사를 올려도 부모 되는 사람은 눈물을 글썽인다.

30년, 40년 떨어져 있던 가족을 다시 만나서도 울고, 자녀가 어려운 시험에 합격했다는 소식을 듣고도 운다. 지금까지 쌓여온 정情과 한恨, 원怨과 그리움, 이 모두가 하나로 용해되어 한 방울의 눈물을 만들어 내는 것이다.

250여 년 전에 태어난 박지원은 복잡한 심리실험실 없이도 이 사실을 스스로 알았다. 그가 중국에 다녀와서 쓴 ≪열하일기≫에는 다음과 같은 구절이 있다.

사람들은 다만 안다는 것이 칠정七情 가운데 슬픈 감정만이 울음을 자아내는 줄만 알았지…. 까짓껏 기쁘면 울 수도 있고, 까짓껏 골이 나면 울 수도 있고, 까짓껏 즐거우면 울 수 있고, 까짓껏 사랑하면 울 수 있고, 까짓껏 미우면 울 수 있고…. 맺힌 감정을 한번 후딱 푸는 데는 소리쳐 우는 것처럼 더 빠른 방법이 없다.

재미있는 것은, 그다지 울 일이 아닌데도 울음을 한번 시작하게 되면 자신의 구슬픈 소리, 자기가 눈물을 흘리고 있다는 사실, 뺨에 흘러내리는 축축한 물기 등이 모두 하나의 자극이 된다. 이 복합 자극 때문에 건성으로 시작한 울음은 점점 심각하게 되고 이렇게 울다 보면 브레이크 없는 자전거로 내리막길 내려가듯이 나중에는 정말로 설움에 복받쳐 더 열심히 울게 되는 것이다.

그래서 울음이 울음을 낳을 뿐 아니라 울음도 웃음처럼 전염이 된다. 사회심리학자들에 따라서는 기쁜 감정 때문에 숨이 가빠지고 맥박이 빨라지는 것이나, 성난 감정 때문에 숨이 가빠지고 맥박이 빨라지는 것은 생리적으로는 다를 게 없다고 주장하는 사람들이 많다. 다만 당사자가 그 현상이나 사건을 어떻게 이름 붙이느냐에 따라 기쁨도 되고 분노도 된다는 것, 기쁜 것이라고 이름을 붙이면 기쁨이, 억울하다는 이름을 붙이면 분노가 된다는 말이다.

울음은 스트레스를 없애기 위한 화학적 반응에 불과하다. 울음은 물, 염분, 단백질, 지방질과 당분으로 구성된 눈물을 생산한다. 울음은 우리 신체가 스트레스를 견딜 수 있는 한계가 넘었다는 것을 알리는 것이다.

생화학자요 눈물박사로 알려진 미국 미네소타에 있는 흐레이(William Frey II) 교수에 의하면 울고 난 다음에 미국 여자들의 85%는 기분이 더 좋아지고 남자들은 이보다 적은 70% 정도가 기분이 좋아진다고 한다.

그 때문일까, 우리나라에서는 통성기도를 하는 교회에 가서 목을 놓아 울고 나면 속이 후련해진다고 한다. 교회에서 사용하는 전문 용어로는 '은혜 받았다.'고 한다. 남자나 여자들이 12세 전에는 비슷한 정도로 울지만 18세 정도에 이르면 여자가 남자보다 1배 반 정도 더 자주 운다고 한다. 용감무쌍해야 할 사내가 눈물을 보인다는 것은 나약한 행동의 노출이라는 문화적 세뇌 때문일 것이다.

내가 알기로 이 세상에 남자가 울어도 좋다는 것을 가르치는 사회는 없는 것으로 안다. 그러나 우는 정도에도 문화적 차이가 있다. 북미보다는 구라파 사람들이 더 많이 울고, 구라파 사람들 중에서도 이태리 사람들이 더 많이 운다. 한국 사람들은 어떨까? 내 생각으로는 이태리 사람 못지않게 눈물과 가까운 것 같다. 그래서인지 텔레비전을 보면 유난히 우는 장면과 먹는 장면이 많다.

그런데 우리나라 사람들은 우는 데도 죽기 살기, 그야말로 젖 먹는 힘을 다해서 운다. 가족 중에 사별死別 같은 갑작스런 비극을 당해서 우는 것을 보라. 옆에 두세 사람의 부축을 받으면서 우는 장본인은 그야말로 눈물 콧물이 뒤범벅이 되어(죄송하기 짝이 없는 말이지만) 악을 바락바락 써가며 운다.

북미 사람들은 울 때도 우리와는 많이 다르다. 2002년에 뉴욕에서 세계무역센터 비극으로 많은 사람들이 죽었을 때 유가족들이 우는 것을 텔레비전을 통해 보았을 것이다. 그들은 울어도 손수건만 눈에 갖다 대고 흐느끼는 정도에 그치는 경우가 많다. 우리의 워밍업(warming-up) 단계에 지나지 않는다. 점잖은 말로 하면 신사적이고, 교양 있게 운다고 할까. 화끈한 것을 좋아하는 우리는 교양이고 신사적이고 모두 저리 가라다. 우리는 그야말로 인정사정 볼 것 없이 창자가 끊어질 정도로 애절하고, 정성을 다해서 운다. 지진강도를 말해주는 리히터

(Richter) 척도로 말하면 북미 사람들이 2.0이라면 우리는 9.0의 강진이다.

왜 그럴까. 우리나라 사람들은 모든 면에서 극과 극에 치우치는 경향 때문에 그런 것 같다. ≪세계의 문화와 노력≫이라는 책을 쓴 홉스테드(Hofstede)라는 사람의 주장을 따르면 불확실한 것을 잘 참는 사회가 있고, 불확실성을 잘 참지 못하는 사회가 있는데 우리나라는 불확실한 것을 잘 참지 못하는 사회에 속한다고 한다.

그런데 불확실한 것을 잘 참지 못하는 사회는 모든 것이 극에서 극으로 치닫는다는 것이다. 미국 템플 대학에서 종교학으로 박사학위를 받고 이화여자대학교 교수로 있는 최준식 교수에 의하면 우리나라에서 종교를 믿는 것을 보면 홉스테드가 말한 극으로 치닫는 현상을 볼 수 있다는 것이다. 그야말로 죽기 살기로 믿는다는 것이다. 설교를 듣고 찬송 몇 곡 부르는 것만으로 직성이 풀리지 않아 울부짖으며 통성기도를 하고 방언放言을 한바탕 하고 나야 속이 후련하고 은혜받았다는 생각을 한다는 말이다.

그런데 열심히 운다는 말은 그만큼 감정의 기폭이 넓다는 말이 될 수 있는 것 같다. 내 생각으로는 사람이 살아가는 데는 어느 정도 감정 기폭이 있어야 '사는 맛'이 난다고 생각한다. 흥분할 일도, 슬퍼할 일도 없는 사회에서 산다고 가정해 보라. 춥고 더운 기온 변화가 없는 데서 사는 것 같아서 무슨 재미가 있겠는가.

아닌 게 아니라 북미대륙에서 오래 산 우리 교민들을 보면, 좀 과장된 표현을 빌리면 방금 병석에서 일어난 환자처럼 맥이 풀려 있다. 그러나 흥분할 일도 많고 슬프고 분한 일도 많은 한국 같은 데 살면 늘 깨어있는 사람이 된다.

웃음의 반대는 울음이고 울음의 반대는 웃음이다. 모든 사람들이 노산 이은상의 노래처럼 "마음에 색동옷 입혀 웃고 웃고 지내기"를 원한다. 어느 시인이 말했던가, 한세상 살아가는 데는 눈물보다 소중한 것이 없다고—. 가끔 아무도 없는 데 가서 혼자 실컷 울어보고 싶을 때가 있다.

(2004. 11.)

이화우梨花雨 흩날릴 제

— 매창梅窓을 찾아 —

한여름 더위에 강이나 바다를 바로 옆에 두고 뭍으로 기어 든다는 것은 그리 현명한 일이 못 된다. 그러나 푹신한 자동차 뒷자리에 가만히 앉아 있기만 하면 어디든지 가고 싶은 데로 데려다 주겠다는 그런 달콤한 제의가 있을 때는 구태여 시원한 물가가 아니라고 외면할 필요는 없는 것이다.

C교수가 학위과정에 있을 때 내 강의를 한 번 들은 적이 있고 그 뒤 그녀의 학위 논문을 잠시 돌봐준 것밖에는 없는데, 그걸 가지고 무슨 집이라도 몇 채 사준 것처럼 공치사를 하고 다니며 이것 해달라, 저것 해달라 귀찮고 성가시게 군 지가 어언 7, 8년이 넘었다.

그녀가 보낸 새해 인사 편지에 "이번 여름에 한국에 오면 어딜 가고 싶으냐."는 뜻밖의 호의를 받자 번개처럼 머리 속을 스쳐가는 두 곳이 있었다. 하나는 전라남도에 있는 담양이요, 하나는 전라북도에 있는 부안이다.

담양을 떠올린 것은 송강松江 정철이 어린 시절 보냈다는 지실 마을을 비롯해서 호남 가사문학의 산실이 된 여러 정자를 구경하고 싶은 욕심 때문이었고, 부안은 조선 중기 때 명기名妓 매창梅窓이 나서 죽은 곳이기 때문이다.

시인 묵객도 아니요, 천하를 주유하는 풍류객도 아닌 내가 무슨 인연으로 죽은 지 4백 년이 넘는 기녀의 고향을 찾아보겠다는 말인가? 그것은 내가 어렸을 때부터 수백 번도 넘게 들었던 옛 시조 한 토막 때문이다.

이화우梨花雨 흩날릴 제
울며 잡고 이별한 임
추풍낙엽에 저도 날 생각는지
천 리에 외로운 꿈만 오락가락하노매.

나는 위에 적은 〈이화우〉 시조를 어렸을 때 내가 '시조 화투'라고 부른 놀이를 통해서 여러 번 들었다.

'시조 화투'란 서너 명이 둘러 앉아 명함판만 한 크기의 카드에 옛 시조의 종장終章 100여 개가 한 장에 하나씩 적혀 있는 것을 펼쳐 놓고 한 사람이 시조 한 수를 초장初章부터 천천히 낭독을 하면 나머지 사람들은 그 시조의 종장을 재빨리 찾아내서 제일 많이 찾아가지는 사람이 일등이 되는 그런 게임이다.

나는 초등학교를 다닐 때 그 '시조 화투' 덕분에 지은이가 누구인지도, 무슨 뜻인지도 잘 모르는 우리 옛 시조를 무척이나 많이 외웠다. 그 중에서도 〈이화우〉는 내가 커가는 사이에 시나브로 나의 애송시 10수 안에 드는 시조가 되었다. 천 갈래 만 갈래로 찢어지는 이별의 슬픔과 세세연년歲歲年年 기다리는 그리움에서 〈이화우〉를 따를 노래가 그리 많지 않기 때문이다.

부안扶安은 나에게 초행길이다. 고등학교 고문 시간에 "달하 노피곰 돋아서 어귀야 멀리곰 비춰오시라….."로 시작되는 백제가요 〈정읍사井邑詞〉를 배울 때 도대체 정읍이 어디에 붙은 곳인가 궁금해서 지도책을 놓고 들여다보다가 우연히, 실로 우연히 정읍에서 그리 머지 않은 곳에 있는 부안이 눈에 띄었다. 그러니 부안은 〈정읍사〉 때문에 알게 된 곳이다.

그리고는 언제부터인지는 모르나 부안이 한국시단의 거목 신석정 선생이 태어난 곳이라는 것도 알았다. 현인賢人이 지나간 곳은 산천초목도 아름답게 보인다는 말이 있듯이 〈정읍사〉 같이 아름다운 노래, 석정같이 아름다운 시를 쓰는 시인을 내놓은 지방은 산수는 물론, 그 지방 사람들도 모두 마음씨가 고울 것이라는 막연한 생각도 들었다.

대학을 다닐 무렵인가 싶다. 나의 애송시 〈이화우〉의 작가가 부안에서 태어나서 젊은 나이에 죽은 기녀라는 사실을 알았을 때는 마치 죽은 옛 애인의 고향을 찾아가는 심정이 되어 부안을 한번 찾아가 보리라는 마음을 먹었다. 이성에 대한 호기심과 동경으로 가슴이 뛰던 시절, 기녀의 작품이라면 학생이 아니라 갓 쓰고 부채 쥔 의젓한 풍류객으로 그 작품을 읽고 싶던 철없는 그 시절이 아니었던가. 그 청춘의 맹세를 지명知命의 중반을 넘어 이순耳順을 내일 모레 앞둔 나이에 실행을 하는구나, 생각하니 여행길에 나선다는 들뜬 마음은 어느 사이에 가라앉고 비감悲感한 생각마저 들었다.

아침 일찍 신라의 고토 달구벌(達句伐 : 대구의 옛 이름)을 떠난 자동차는 점심때가 넘어 백제의 옛땅 부안읍에 도착하여 서림공원에 있는 매창의 시비 앞에 섰다. 내 키보다 조금 더 클까말까한 비석의 앞면에는 〈이화우〉 42자를 새겨 넣었고, 뒷면에는 주인공의 행적을 간략하게 적어 넣었다. 서럽지 않은 죽음이 어디 있으랴마는 매창의 행적기는 처음부터 그 색조가 너무나 애잔하고 쓸쓸하다.

매창은 이 고장이 낳은 천생의 시인이다. 그는 선조 6년 계유 1573년에 부안 현리 이양종의 딸로 태어났으며 38세를 끝으로 불우한 생애를 마친 것이 광해 2년 경술이었다. … 당시의 제도적인 불합리한 인습과 가정적인 기구한 운명은 다정다감한 그로 하여금 인생 전부를 오직 거문고와 시에만 바치게 되어 여류시인으로서의 그의 천재적인 예술성을 발휘시켰던 것이다.

이 시비가 서 있는 자리는 본래 부안 현감의 관아였던 뒤뜰 선화당의 일부라 하니 매창이 아침저녁으로 거닐었던 곳이다.

국문학자 함동선님에 따르면 매창은 당시 벼슬아치로서는 그다지 높지 않은 지방 하급관리의 딸로 태어났다. 매창의 어머니는 매창을 낳을 때의 산고로 일찍 죽고, 매창이 12세 되던 해에는 아버지마저 병으로 갑자기 죽었다. 올데 갈데가 없는 천애의 고아가 된 매창을 불쌍히 여긴 부안 현감 서우관이 기적妓籍에 올려주면서 관아인 선화당에서 잔일을 보게 했다.

명석한 두뇌에 시문과 음률, 특히 거문고에 뛰어난 재주를 보인 매창에 현감 서우관도 반했다. 그래서 그가 현감직에서 물러날 때에 14세 난 매창을 수청들게 하고 서울로 떠나버렸다. 기다리란 말을 남기고 간 서우관이 종무소식이자 속이 타게 기다리던 임이 자기를 버렸다는 매창의 원한은 이 때부터 시작되었다고 한다.

서우관으로 인한 아픔이 거의 아물 무렵 매창은 서울에서 내려온 시인이자 학자요, 천하의 풍류객인 촌은村隱 유희경을 만나서 깊은 사랑에 빠졌다. 두 사람이 서로 비슷한 풍류와 취향을 가졌으니 그야말로 심기 상통한 한 쌍을 이루었음은 물론이다. 그러나 예기치 못한 난리가 터지자 촌은은 황망히 소지품을 챙겨 서울로 떠나버렸다. 세상 남자들이 흔히 그렇듯이 다시 올 테니 기다리란 말 한 마디를 던지고…….

돌아온다던 임은 강산이 변해도 소식조차 없었다. 그러나 매창은 가신 임의 매정함에도 아랑곳없이 일생을 수절하며 이별의 아픔과 기다림의 정한情恨을 〈이화우〉 42자에 실었다.

"인생은 짧고 예술은 길다."는 말이 변함없는 진리라는 것은 전라북도 부안읍 서림공원에 가보면 쉽게 알 수 있다. 함동선님의 말처럼 매창의 시비에서 불과 몇 발자국 안 떨어진 곳에 늘어선 그 많은 선정비나 공덕비는 매창이 살아 있던 당시야 기세등등하고 화려한 모습이었겠지만 4백 년의 세월이 흐른 오늘날에는 그 선정비를 찾는 이는커녕 그것이 누구를 칭송하는 것인지도 아는 사람이 없다. 그러나 일개 기녀가 남긴 시한 수는 세기가 바뀌고 또 바뀌어도 그 빛과 윤기를 잃지 않고 만인의 심금을 울리는 예술품으로 남아 있지 않는가.

매창의 선화당 유허지를 뒤로하고 그녀의 무덤이 있는 〈매창이뜸〉이라고 불리는 곳으로 발길을 돌렸다. '명원名媛 이매창지 묘'라는 7글자의 묘비가 하나 서 있다. 같은 기녀라 하더라도 어떤 사람은 돈 많고 권세 높은 사람들과 어울려 겉으로나마 비교적 화려한 생활을 하고 지냈다 하건만 매창은 돌아오지 않는 임을 기다리며 평생을 거문고에 맡기고 절개를 지켰다. 그러니 매창이 만일 남자로 태어났으면 성삼문이나 황매천黃梅泉 같은 절개 높은 지사가 되었을 것이다.

매창의 인생 황금기는 유희경을 만나 같이 시 짓고, 북 치고, 거문고 뜯던 그 꿈같은 시간이었을 것이고, 그 나머지는 아래에서 엿볼 수 있듯이 그리움으로 얼룩진 기다림이었을 것이다. 〈이화우〉는 이제 매창의 눈물이 아니요, 만인의 가슴속에 응어리진 상사별리相思別離의 정한으로 남아 세월과 함께 그 향기를 더할 것이다.

(1996. 9.)

접시꽃

대구대학에서 내 강의를 듣던 학생 L군이 접시꽃 씨를 봉투에 넣어 보내왔다. 태평양을 넘어 날아온 꽃씨인 것이다. 몇 년 전인가 대구에 가 있을 때, 캐나다에서 나와 같은 객원교수 자격으로 대구대학에 가 있던 K교수와 함께 두 '홀아비'들이 허름한 아파트 방 하나를 빌려 기거를 함께한 적이 있다. 그 아파트 단지를 빠져나가서 버스 정류장으로 가는 길에 조그만 정원에 돌 지난 아이 키만 한 줄기에 색깔은 진붉은 꽃송이가 하도 탐스럽게 보여서 그 꽃이 무슨 꽃이냐고 물었더니 '접시꽃'이라고 해서 잘 아는 L군에게 보내주기를 부탁한 것이다. 비행기에 실려 온 그 소중한 접시꽃 씨는 비닐봉지에 조심스럽게 넣어져서 냉장고 속에 보관되었다가 이듬해 봄에 우리 집 정원 햇볕이 잘 드는 곳에 뿌려졌다.

나는 꽃에 대한 상식이 별로 없다. 기껏 안다고 해야 국화니, 모란이니, 백일홍, 봉선화 따위의 흔해빠진 꽃들의 이름을 아는 정도다. 나는 꽃송이가 큼지막하고, 헙수룩하고, 꺼벙하게 생긴 꽃을 좋아한다. 굳이 싫어하는 꽃이야 있으랴마는 꽃잎의 크기가 너무 왜소하고 단정하기만 한 꽃은 사람으로 치면 깎아놓은 인형에 가깝도록 얄밉고 앙증스러워 보여서 별로 호감이 가지를 않는다. 세련된 모양의 꽃들에 비하면 이 접시꽃은 햇볕에 그을린 순박한 농부의 얼굴이라고 할까.

L군이 보내준 꽃씨를 받아 들자 금방 내 눈앞에는 고추잠자리가 살며시 내려앉고, 나비가 오고, 벌들이 붕붕거리는 꽃밭이 펼쳐지는 것이었다. 그러나 한국에서나 이곳 캐나다에서나 이제 고추잠자리는 자연박물관에나 가지 않으면 보기가 힘들게 되었고, 그 흔하던 나비도 금년 들어 통틀어 5, 6번밖에 못 볼 정도로 희귀종이 되었으니 내 상상도 화려한 공상에 지나지 못한다.

L군이 보낸 접시꽃 씨는 비료를 듬뿍 주고, 아침저녁 물을 주며 정성을 들였더니 파아란 새싹이 솟아올라왔다. 그런데 이상한 것은 이 접시꽃은 커가면서 잎만 옆으로 무성하게 벌어졌지 줄기가 올라가는 기색은 도대체 보이지 않는 것이다. 장모님은 저게 옆으로 벌어지는 것을 보면 분명 접시꽃이 아니고, 또한 다른 화초까지 마주 뒤덮어버려 미워 죽겠으니 뽑아버리자는 의견을 내놓았다. 나는 L군이 그런 일에 실수를 할 사람이 절대로 아니니 좀더 기다려보자는 제의를 했다. 그러고

는 L군에게 황급히 편지를 썼다. 아무리 두고 보아도 보낸 꽃씨가 접시꽃이 아닌 것 같은데 혹시 잘못 보낸 것이 아니냐고.

지금은 내 아내가 되었지만, 처녀 적에는 C양으로 불렸던 그녀와 연애를 하던 시절에 서오릉에 산책을 간 적이 있다. 나는 대학 졸업반이었고, 그녀는 2학년이었다. 따뜻한4월 봄날, 들판에 아지랑이가, 두 연인의 가슴은 젊은 꿈으로 가득한 그런 날이었다. 석양 길에 돌아올 때에는 작은 소나무 숲 사이로 펼쳐진 그 오솔길이 마치 한 폭의 비단을 깔아놓은 것처럼 황홀하고 아름답게만 보였다. 그때 저쪽 논둑 길 옆으로 어느 다 찌그러져가는 초가집 뒷마당에 붉은 꽃들이 가득하게 피었는데 그 옆에 어떤 노인이 담뱃대를 물고 서성거리는 것을 본 것이 생각난다. 이렇게 기억을 되살리고 보니 그때 그 인상 깊었던 붉은 꽃들이 틀림없이 바로 접시꽃이었다는 생각이 드는 것이다.

그것이 지금으로부터 꼭 25년 전이었으니 그때 접시꽃이 만발했던 그 자리에는 고층빌딩과 상가가 들어섰을 것이다. 그때 찌그러진 초가집에 살던 늙은이는 아직 살았을까. 지금은 내 아내가 된 그때의 C양도 어느덧 쉰 살을 눈앞에 둔 나이니 그녀의 청춘도 이미 고개를 넘었다. 시집이라고 와서 남들처럼 호강 한번 못해보고, 지지리 고생만 하고 애만 썼으니 혼자서 얼마나 서러웠을까. 꿈같이 흔들리는 희미한 기억이지만 접시꽃은 나에게 그 옛날, 그 시절의 서오릉으로 가는 오솔길이다. 아내의 마음 한 구석에도 그 젊은 날의 접시꽃은 아직 시들지 않고 피어 있겠지. L군이 접시꽃 씨를 다시 보내 주었으면 좋겠다.

(1988. 11.)

화장과 큰소리

여자가 화장을 하는 것과 남자가 큰소리 뻥뻥 치는 것은 서로 다른 게 없습니다. 그러니 남자보고 큰소리 치지 말라는 것은 곧 여자보고 화장하지 말라는 것과 마찬가지이지요. 예수나 석가, 공자 같은 성현聖賢들은 어떤지 모르겠습니다만 나 같은 속물俗物이야 그저 큰소리 뻥뻥 치고 싶어서 몸살이 날 때가 있습니다.

여자는 남 앞에 얼굴을 내밀어야 할 때 화장을 하고, 남자는 '나도 너희들이 눈여겨봐야 할 사람이다.'는 남으로부터의 인정과 자기의 사회적 지위를 높이려 할 때 큰소리를 칩니다.

그런데 화장이건 큰소리건 어느 정도에서 끝나면 보기도 좋고 큰 거부감도 없을 뿐 아니라 되려 애교스럽게 보입니다. 그러나 그 정도가 너무 지나치면 본래 노렸던 목표는 저쪽으로 가버리고 마는 경우가 흔히 있습니다. 사랑을 받으려고 너무

애를 쓰면 되려 그것을 잃어버리는 것과 같지요.

우리 주위에 자연적으로 생긴 사물이나 현상은 대부분이 그대로 두어도 아름답습니다. 겉으로 보기에 덤덤한 것에 지나지 않는 자연물에 인위적인 치장을 하여 아름답게 만드는 행위를 우리는 예술이라 부릅니다. 이런 의미에서 보면 화장은 곧 예술이란 말도 성립된다고 생각합니다. 화장이나 자기 자랑을 '안 하는 것처럼' 하는 것을 보면 무척 세련되어 보입니다. 세련되어 보인다는 말은 보기가 자연스럽다는 말과 통하지요. 그러나 이렇게 하기에는 상당한 기술과 자제력이 요구됩니다.

거의 화장을 하지 않는 '자연산'도 가끔 눈에 뜨입니다. 그런데 내 편견에 지나지 않지만 화장을 너무 안 하는 것은 자기관리에 대한 성실성이 부족한 것으로 생각되어 별 호감이 가질 않습니다. 호감이 가지 않는 것은 큰소리라고는 전연 없는 남자도 마찬가지입니다. 태곳적 동굴 생활을 상상해 보십시오. 큰소리를 치거나 허세를 부려서 침입하려는 적을 몰아내야 할 경우가 있지 않겠습니까.

그런데 화장을 하지 않아도 아름다운데, 더 아름답게 보이려는 욕심 때문에 필요치 않는 화장을 해서 본래보다 더 못한 꼴로 만들어 놓는 경우가 많습니다. 특히 10대, 20대의 청춘을 한번 생각해 보십시오. 이 시절은 젊음 그 자체가 아름다움이요 싱그러움이 아니겠습니까. 그런데 요사이 젊은이들은 왜 그 젊음을 그 비싼 화장품으로 '도배'를 해 버리는지 이해가 잘 안 갑니다. 결혼식장에 가보면 지나친 화장으로 '놀란 토끼'가 된 신부들이 많지요.

화장은 사회생활에서 소속 욕구의 표현이라고 볼 수 있습니다. 누구를 막론하고 사회적으로 로빈슨 크루소(Robinson Crusoe)가 되는 것은 원치 않습니다. 우리는 남과 더불어 사는 데서 안정감과 소속감을 느낍니다. 그런데 이 안정감과 소속감이란 홍수가 나고, 무서운 짐승들이 우글거리던 동굴 생활 시대에는 혼자 있기보다는 여럿이 떼를 지어 있는 것이 안전하다고 생각한 데서 시작한 인간의 성향입니다. 그런데 화장을 남과 생판 다르게 했다고 상상해 보십시오. 사회적으로 고립될 확률이 더 클 것입니다. 이런 의미에서 화장은 '나도 좀 끼워 주십시오.' 하는 사회적 진정서에 지나지 않지요. 소속과 인정 욕구의 표현입니다.

요사이는 남자들도 여자처럼 화장을 하는 사람들이 많다고 합니다. 울퉁불퉁 근육질 체격에 대한 필요성이 그전에 비해 많이 줄어들었다는 말입니다. 주먹 대신 총이 있고, 외부 침입자를 막아주는 경찰이 있고, 시비를 가려주는 데는 법관이 있는 세상이 아닙니까. 주먹이 별 볼일 없는 세상이 되었지요. 이런 세상에는 외모나 완력이 여자같이 곱상하게 생긴 남자도 가슴을 펴고 살아갈 수 있지 않겠습니까. 그런데도 여자들의 화장은 물론이고 남자들의 큰소리도 날이 갈수록 더 심해가니 알다가도 모를 일입니다.

(2007. 5.)

화장실

몇 년 전에 백두산 관광을 다녀왔다. 북경에서 비행기편으로 연길로, 연길에서 자동차로 6시간인가 7시간을 가는 긴 여행이었다. 연길에서 백두산으로 가는 도중에는 10번 넘게 차를 세우고 손님들에게 화장실을 다녀오라고 일러주었다. 병원에 가면 나와 같은 병으로 고생하는 사람들이 많구나 하는 것을 알 수 있듯이 백두산에 가니 관광을 온 사람들이 우리 이외에도 정말 많았다. 마치 주말에 경북 안동 하회마을에나 온 것처럼 관광 온 한국 사람들로 북적댔다.

그런데 연길에서 백두산까지 가는 동안 나를 가장 불안하게 만든 것은 10번 이상 자동차를 세운 그 화장실이었다. 10번 넘게 자동차를 세우고도 그 목적을 이루지 못했기 때문이다.

다 그렇다고는 할 수 없겠지만 중국 농촌의 화장실은 그야말로 상상을 초월하도록 민망스럽고 우스꽝스럽게 되어 있다. 비도 오지 않는 날, 화장실 가면서 우산을 들고 들어가는 사람도 있으니 말이다. 문은 물론 칸막이고 가리개고 없는 화장실, 구체적으로 말하면 '집행' 할 때 하반신은 그대로 내놓고 남들이 다 보는 데서 해야 하는 그런 열린 화장실이니 우산이라도 있어야 가리개로 앞을 가리지 않겠는가. 나는 시골에서 자랐기 때문에 불결한 화장실은 어느 정도 잘 견뎌낼 수 있다고 생각했다. 그러나 내 생각의 마지노선이 이번 백두산을 통해서 완전히 무너지고 말았다. 너무 지저분해서 도저히 집무수행 불가능이었다. 자동차를 세울 때마다 그 소중한 것을 꺼내서 무슨 중범자나 되는 것처럼 바깥 공기를 한 번 쐬고는 다시 집어넣고 말았으니 말이다. 중국 농촌 화장실이 러브 호텔급이라면 우리나라 농촌 화장실은 신라호텔 특실이다. 우리나라는 농촌이라 해도 우선 문만 걸어 잠그면 프라이버시가 보장되지 않는가.

연암 박지원이 중국 북경에 다녀와서 쓴 기행문 ≪열하일기≫에 다음과 같은 구절이 있다. "… 중국에서는 가장 더러운 냄새를 고려취高麗臭라고 하는데 조선 사람들은 목욕을 잘 하지 않아 발냄새가 흉하다는 것이요, 물건을 잃어버렸을 때는 동이東夷라고 말하는 바 이는 동이가 훔쳤다는 의미다…." 동이란 중국 사람들이 그들의 동쪽에 있는 나라나 종족들을 멸시하여 일컫던 말이다. 자세히는 중국 황하의 중간쯤으로부터 하류의 동쪽 이민족을 말하는데, 곧 우리나라, 일본, 중국 등을 가리키는 말이다. 동방예의지국에 사는 사람과는 거리가 먼 묘사다. 그런데 '려'자 발음을 '리'라 하니 혹시 발 '고린내 난다.'는 말이 "고려 냄새"에서 유래한 것은 아닐까? 만약 내 추측이 맞다면 어쩌다가 그 중국 사람들까지 고려취라고 빈정댔을까? "똥벌레가 제 몸 더러운 줄 모른다."는 말이 있다더니 중국 사람이 우릴 보고 발 냄새가 난다고?

일본은 화장실에 있어서는 중국의 반대다. 몇 년 전 일본에 갔을 때는 그네들 화장실이 캐나다보다도 깨끗하여 놀란 적이 있다. 중국 화장실에 비하면 지옥과 천당이다. 일본 도시와 중국 농촌과 비교한다는 것은 불공평하다. 그러나 일본 대도시 중앙을 흐르는 청계천보다 작은 개천에 팔뚝만 한 잉어가 뛰놀던 것을 생각하면 일본 농촌은 안 가봐도 알 수 있지 않을까 하는 생각이 든다.

그런데 옛날 우리나라 사람들이 쓴 중국 기행문을 보면 화장실에 대한 얘기가 없는 것으로 보아 우리나라 조선 때의 화장실도 중국의 그것과 별 차이 없었지 싶다. 몇 십 년 전만 해도 남녀 화장실이 같이 있어서 소변 보는 남자 옆에서 아주머니들이 손을 씻으러 왔다갔다하고(이쪽을 힐끔힐끔 보던 아줌마, 공짜 관광하면 안돼요.) 1미터도 안 되는 거리에서 여럿이 왁자지껄해서 '집무' 하는 동안 가슴이 조마조마하던 생각이 난다. 그러고 보면 우리 화장실이란 것도 88올림픽 전에는 선진국 여행자들의 화젯거리였지 싶다.

아무튼 요새 우리나라도 화장실이 무척 깨끗해졌다. 대학 시절 미국 유학을 갔다 온 선생님들께서 '화장실에서 커피를 마시고….' 하는 말을 듣고 속으로 '별 신기한 화장실도 다 있구나' 싶더니 요사이 우리나라도 대부분 화장실에서는 커피를 마실 수 있을 만큼 깨끗하다. 앞으로 10년만 더 있으면 국제공항이나 큰 공공건물 안에 있는 화장실 앞에 '아침식사 배달됩니다.' 하는 친절한 광고도 나붙지 싶다.

(2003. 11.)

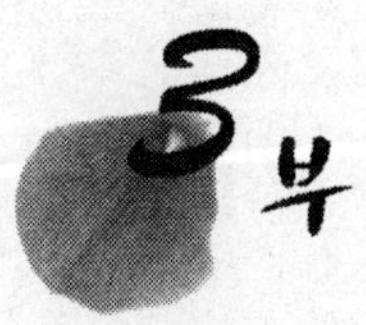
3부

겉과 속

2006년은 월드컵의 해이다. 새해 아침부터 신문이나 방송에서 16강이니 8강이니, 코치를 갈아야 한다, 아니다를 떠들더니 드디어 6월, 결정의 시간이 왔다. 어디를 가나 축구 빼고 다른 이야깃거리는 없는 것 같고 이대로 가다가는 나라 전체가 축구 열기로 미쳐버릴 것 같은 그런 뜨거운 바람이었다.

한국과 일본이 예선을 통과해서 동남아시아를 대표해서 소위 말하는 16강에 들어가느냐 아니냐가 결정되는 운명의 며칠 사이였다. 먼저 일본이 호주에 져서 16강 후보에서 떨어져 나간 것으로 판명났고, 한국이 스위스와 한판 승부를 앞두고 있었다. 그 때 경기는 하루 이틀 앞두고 일본 사람들이 한 말이 언론이나 방송에 소개되었다. "이제 일본은 떨어져 나가고 한국만 남았으니 한국이라도 잘 싸워서 아시아의 자존심을 세워

주기를 바란다."는 요지였다. 어느 모로 보나 점잖고 여유 있게 들리는 말이다. 이런 걸 두고 격格이 있다거나 멋이 있다고 하지 않는가.

그런데 이 말을 두고 아내와 내 의견이 달랐다. 아내의 주장은 이 말은 일본 사람들이 겉과 속이 얼마나 다른, 간교한 사람들이라는 것을 보여주는 좋은 예라는 것이다. 일본 사람들이 한국을 응원한다는 것은 그들 속마음이 아니라는 것, 한마디로 겉과 속이 다르다는 것이다.

그런데 겉과 속이 다르다는 것을 어떻게 알 수 있을까. 겉과 속이 같아야 간교하지 않다는 말인가.

속마음은 볼 수도, 만져 볼 수도, 측량할 수도 없다. 다만 우리는 겉으로 나타나는 행동을 보고 속마음이 어떻다는 것을 추측할 따름이다. 겉과 속이 다르다고 할 때는 결국 자기가 눈으로 보거나 귀로 듣는 것이 자기가 생각하고 있던 것과 서로 다르다는 말에 지나지 않는다. 아내는 일본 사람들이 한국을 응원하지 않을 것이라는 생각을 그 전부터 생각하고 있었던 것이다. 속마음의 '속'은 이쪽에서 미리 정해 놓은 속이지 겉과 속을 나란히 놓고 비교한 것은 아니다.

일본이 호주와 한 판 승부를 벌일 때 한국 사람들은 호주를 응원했다 한다. 일본이 지기를 바란 것이다. "한국이라도 잘 싸워서 아시아의 자존심을 세워 주기를 바란다."는 말과는 거리가 멀다. 가는 말이 고와야 오는 말이 곱다던데.

말이 났으니 말이지 우리는 일본에 대한 강박관념이 지나친 것 같다. 뭣을 해도 일본을 이겨야 하고, 일본보다는 성적이 좋아야 한다. 군포에 있는 어느 고등학교 학생으로 세계적 피겨 스케이터 김연아라는 선수가 있다. 그가 2006년 11월 프랑스 파리에서 벌어진 피겨 스케이팅 대회에서 일등을 했는데 기자가 물었다. "라이벌 의식을 갖고 있는 선수가 있나?" 대답: "누구를 경쟁상대로 생각하는 것은 시합에 도움이 되질 않는다. 내 프로그램대로 하는 게 더 마음이 편하다." 어린 나이치고 매우 의젓한 대답이다. 어느 특정 사람이나 팀만 이기면 된다는 생각은 편협한 생각이다.

겉과 속이 다르지 않는 말이라고 "일본이 지기를 바란다, 일본이 떨어져 나가는 것을 보면 그렇게 마음이 후련할 수 없다." 고 하면 어떻게 될까.

일반적으로 정직은 바람직한 행동이지만 너무 잔인한 정직은 철없는 아이같이 성숙하지 못한 사회적 행동이다. 사회적으로 성숙한 인품이란 겉과 속을 때와 장소에 따라 적당히 노출하는 것이 아닌가.

(2006. 6.)

견해 차이

O형, 어렸을 적에 들었던 동화 〈욕심쟁이 개〉를 기억하십니까?

어느 욕심 많은 개가 뼈다귀 하나를 물고 다리를 건너가는데 다리 아래 상물에 비친 제 그림자를 다른 개로 잘못 보고 그림자의 개가 물고 있는 뼈다귀를 뺏을 생각으로 멍멍 짖다가 그만 자기가 물고 있던 뼈다귀를 다리 아래로 떨어뜨렸다는 이야기 말입니다. 그 우화는 말할 것도 없이 지나친 욕심을 경계하는 이야기지만 어떤 행동이 지나친 욕심이냐 하는 것도 보는 사람의 견해에 따라서 다르다는 생각이 듭니다.

우리는 옳고 그름, 선과 악, 합당과 부당이 밤과 낮처럼 똑 떨어지게 양분될 수 있다고 생각하기 쉽습니다. 물론 나는 어렸을 때 이런 분위기 속에서 자랐습니다. 그러나 나이가 들어

가면서 점점 세상만사는 밤과 낮같이 양분되기보다는 그 중간쯤 어디에 어중간하게 자리잡고 있는 경우가 더 많다는 생각이 듭니다. 또 가치기준 자체가 변함에 따라 옳은 것이 그른 것도 되고, 그른 것이 옳은 것도 되는 경우도 있지요.

사람의 견해를 결정지어주는 바깥 테두리는 아무래도 우리가 문화라 부르는 것인 것 같습니다. 문화가 무엇이며 어떻게 형성되느냐 하는 것은 지금 이 순간에는 내 관심 밖의 일이지요. 그러나 같은 문화권 안에서도 여러 구성원들의 견해가 제각기 서로 다르지만 문화권이 서로 다를 때는 견해의 차이가 클 뿐 아니라 그 견해를 결정하는 시각도 근본적으로 다를 가능성이 많습니다.

인생살이가 때로는 재미있고 흥미로운 것으로 생각되는 것은 바로 이 견해의 차이가 있다는 사실 때문이 아닐까요? 만일 이 세상에 견해의 개인차가 없다고 한번 가정해 보십시오. 이 세상은 그야말로 풀 한 포기, 나무 한 그루 없는 삭막한 황무지와 다름없는 세상이 되질 않겠습니까.

O형, 내가 얼마 전에 겪었던 사건 하나를 얘기할까요? 몇 달 전에 우리 과의 비서 K씨가 근무처를 다른 데로 옮기게 되었습니다. K씨는 내가 이 대학교에 직장을 구해올 때부터 비서로 있었으니 우리 과에서 일한 것이 적어도 18년은 넘었습니다. 그러니 정情도 들 대로 들었고, 자질구레한 학교 일에는 가히 귀신이라, 말 한마디만 하면 척 알아서 다 해주는 그런

노련한 비서였습니다.

K씨가 가고 우리는 임시로 R씨를 채용했습니다. 이 '임시'라는 말은 채용 후 6개월 동안 두고 봐서 장기고용의 여부를 결정한다는 말입니다. R씨는 나이가 쉰을 넘었고 아들딸들이 모두 결혼을 했다고 합니다. 그러나 비서 일을 해본 경력은 그리 많지 않은 모양인지 타자도 편지 쓰는 것도 모두 무척 서투른 편이었습니다.

그런데 O형, 나의 동료 교수 중에 B라는 이스라엘에서 온 양반이 하나 있었습니다. 이 B교수는 전공분야에서 그의 이름이 세계적으로 널리 알려졌기 때문에 그를 유인하다시피 해서 3년 전에 우리 대학으로 모셔 오게 된 분입니다. 이 B씨는 영어권 나라에 살았지만 액센트가 무척 심하고 영어 문장도 나보다야 훨씬 나은데도 완전한 영어를 잘 쓰지 못하는 그런 양반이었습니다. 그래서 그도 나도 편지 한 장이라도 중요한 것을 쓸 때는 다른 사람에게 교정을 부탁해야 하는 불편을 겪어야 합니다.

하루는 이 B교수가 내 방 문을 노크했습니다. 방에 들어선 B교수는 다짜고짜로 비서 R씨를 해임시켜야겠다는 것입니다. 이유인즉, R씨는 자기 영어를 교정해 줄 실력이 없을 뿐 아니라 타자도 서툴러서 도저히 안 되겠다는 것입니다. 곧 대학 당국에 건의를 하려고 하는데 힘을 모으면 일이 쉬우니 나도 자기 '거사'에 동참해달라는 제안이었습니다.

물론 나는 즉석에서 거절했습니다. R씨가 일을 시작한 지가 몇 주밖에 안 됐고, 일은 서투르나 최선을 다하고 있고, 내 영어를 돌봐주는 사람은 따로 있기 때문에 큰 불편은 없다는 것, 그리고 남의 인생에 도끼를 드는 악한이 되고 싶지는 않다는 등 이유를 들었습니다. 그리고 마지막으로 나도 캐나다에 처음 왔을 때는 말도 못하고 맡겨진 일도 제대로 해내지를 못했지만 주위 사람들이 참고 너그러운 마음으로 이해해 주었기 때문에 살아남을 수 있었다는 얘기를 자못 웅변조로 말했습니다. 그랬더니 B교수의 대답이 놀라웠습니다. 첫째는 남의 무능력으로 인해서 자기가 손해를 볼 수는 없다는 것입니다. 둘째는 우리 대학교에서 자기를 채용했을 때는 이미 자기 영어가 완전하지 못하다는 것을 알았으니, 그 불완전한 영어를 커버할 수 있는 특별한 도움을 줄 의무가 있음을 전제했다는 것입니다. 그러니 비서를 당장 바꾸든지, 아니면 대학 당국에서 자기 영어를 보살펴줄 수 있는 사람 하나를 채용해줘야 한다는 것입니다.

O형, 나는 B교수의 이 말을 듣고 처음에는 참 어처구니가 없다는 생각이 들었습니다. 앞서 말한 〈욕심쟁이 개〉의 이야기가 머리 속을 스쳐갔습니다. 그러고는 나도 저 정도의 배짱을 가졌으면 오죽 좋을까 하는 부러운 생각도 들었습니다. 나는 영어 때문에 주눅이 들어서 내 강의를 듣는 학생들에게 불편을 주는 것이 미안스럽게 생각될 때가 한두 번이 아니었기

때문입니다.

O형, 비서 R씨에 대한 나의 생각이 관대하다는 것을 내세우려고 이런 이야기를 한다고는 생각지 마십시오. 생각해 보십시오. 내가 B교수의 생각이 너무 각박하고 매몰스럽고 지나치게 이기적이라는 생각을 하는 만큼, B교수는 B교수대로 나는 사리가 분명치 못하고 불만이 있어도 우물쭈물 말도 못하고 덕망이라는 이름으로 위장하려는 비겁한 사람이라고 생각할 것이 아니겠습니까.

R비서의 일이 있은 후 어느 날 하루는 B교수와 침묵에 대해서 이야기를 나눈 적이 있었습니다. B교수의 말을 빌리면 자기 나라에서는 말없이 침묵을 지키면 '저 사람은 아무것도 아는 것이 없고, 불안해 하고, 바보에 가까운 멍청이'로 본다는 것입니다. 그러니 우리나라 선비들의 덕목의 하나인 과묵은 B교수가 자란 나라의 멍청이로, 우리나라의 '요란한 깡통'은 그 나라의 씩씩한 사나이가 될 수 있다는 말입니다.

O형, 서로 다른 문화권에서 자란 B씨와 나 사이에 생각이 같으리라고는 애당초 기대하지 않았습니다만 달라도 이렇게 다른 줄은 몰랐습니다. 이렇게 다른 문화권에서 자란 사람들끼리 같이 모여 조화를 이루며 산다고 생각하니 무척 신기한 생각이 들었습니다.

O형, 끝으로 R씨와 B교수의 근황에 대해서 말씀드리고 붓을 놓겠습니다. R씨는 아직까지 우리 과에 비서로 있습니다.

노구老軀에 안간힘을 쓰는 것을 보니 좀 애처롭기도 합니다. B교수는 대학 당국에서 그의 영어를 위한 특별 보조금을 마련해주는 대신 R씨 아닌 다른 노련한 비서의 도움을 받도록 주선해주었습니다. "우는 아이 젖 더 준다."는 속담 생각납니까?

R씨를 해고시키겠다는 B교수의 생각이 아직도 변함이 없는지는 궁금하군요.

1995. 3.

괘씸할사 F교수

내가 캐나다 서부 내륙지방에 있는 N대학교라는 데에 처음 갔을 때 나와 거의 같은 시기에 수학과 교수로 부임해온 F교수를 종종 만난 적이 있다. 30대 중반을 넘은 나이지만 독신으로 살고 있는 이 F교수는 명랑한 성격의, '사내녀석치고 재잘대기는 참 잘한다.'는 생각이 들 정도로 말이 빠르고 또 다변가多辯家였다.

이 F교수는 전공도, 소속 단과대학도 나와는 달랐으니 서로 아무런 이해관계 없이 마음 놓고 세상 돌아가는 얘기랑 학생들 얘기 등을 털어놓곤 했다. 나 같은 사람이야 영어도 잘 못하고 경험도 없어서 그렇지만, F교수같이 본토박이 '미국사람'이 어찌해서 이런 '시시한' 산골대학으로 왔을까 궁금한 생각이 들어 하루는 이 N대학에 오게 된 경유를 물어보았다. 그의 대답인즉 지금 총장으로 있는 K씨가 대학시절에 수학과 자기 은사였던 관계로 서로 잘 아는 사이였는데 미국에서 학위가 끝날 때쯤 해서 N대학으로 오지 않겠느냐고 권유를 해와서 이 대학으로 오게 되었다는 것이다. 한국식으로 말하자면 K총장이 자기 사람으로 하나 데려온 것이다.

그런데 2년인가 지나서 N대학에서는 일부 교수들이 K총장의 행정에 불만을 품고 총장직에서 그를 몰아내려는 운동을 벌인 적이 있었다. 나한테까지 몇몇 사람들이 몰려와서 K씨의 퇴임을 요구하는 진정서에 서명할 것을 종용하는 것이었다. 그래 나는, "이 세상에 적도 없고 동지도 없는 외톨박이니 그런 일에는 가담하지 않겠다."라고 한마디로 잘라 거절해버렸다.

그리고 얼마 후 총장의 사퇴를 요구하는 교수들 중에 F교수도 핵심 멤버 중의 한 사람으로 끼여 있다는 소문이 들려왔다. 나는 이럴 수가 있을까, 놀랍고도 한심한 생각이 들었다. 자기 입으로, 옛날 은사였던 K총장이 자기를 이 대학으로 데려왔다고 했는데 지금 와서 그 K씨를 몰아내는 데 앞장을 서다니, 참 의리 없는 녀석이구나.

하루는 F교수를 만나서, "K총장의 사퇴를 요구하는 데 네가 앞장을 섰다면서?" 하고 단도직입적으로 물어보았다. 그랬더니 그는 조금도 당황하는 기색이 없이 생글생글 웃으면서, "총장 자신이 나를 필요로 해서 데려왔지, 나를 위해 데려온 것은 아니지 않느냐." 하며 총장이 무엇무엇을 잘못했다는 '죄목'을 늘어놓기에 바빴다.

한국식으로 보면 이 F교수의 행위는 단연코 의리 없는 배신자. 그러나 북미대륙에서는 이 F교수의 행위는 한국에서보다 훨씬 더 관대하게 받아들여지는 게 아닌가 하는 생각이 든다. 벌써 오래 전에 나는 이런 일을 경험한 적이 있다. 즉 일도 하지 않은 학생에게 내 연구비에서 1주 내지 2주 봉급에 해당하는 돈을 그냥 지불해준 것이다. 연구비가 남아서 기한 내에 쓰지 못하면 그 남은 돈은 대학으로 되돌아가니 남의 돈으로 인심이나 한번 쓰자는, 한국식으로 말하면 보너스를 준 셈이다.

그런데 이 보너스를 줄 때 재미있는 현상을 몇 가지 볼 수 있었다. 첫째, 보너스를 받는 그 학생의 태도가 한국에서처럼 고마워한다든가 '좋아서 어쩔 줄 모르는' 그런 기색은 찾아볼 수 없었다는 것이다. 일을 하지 않고 그냥 공으로 받는 돈인데도, '네 주머니에서 나온 돈도 아닌데 내가 너한테 고마워해야 할 이유가 어디 있느냐.' 하는 그런 여유만만한 태도다. 흔히 한국에서 교수의 개인 돈이 아닌, 대학의 돈이 지급되는 장학금을 주는데도 학생을 추천해준 교수는 자기가 무슨 큰 자비나 베푼 것처럼 생색을 내려 들고, 장학금을 받은 학생은 교수에게 무슨 큰 신세나 진 것처럼 생각하는 것과는 좋은 대조가 된다.

둘째, 몇 달 후에 내 연구비가 없어지고 일손이 필요해서 그 학생에게 하루 이틀만 보수 없이 내 연구를 좀 도와줄 수 있겠느냐고 했더니 이 핑계 저 핑계로 거절하는 것이었다. 물어보지 않았기 때문에 확인할 길은 없으나 그 저의는 F교수의 그것과 비슷한 것 같다. 즉, '네 연구비가 남아서 네 기분에 준 것이지 나를 위해 준 것은 아니니 내가 너한테 빚진 것은 없지 않느냐.' 하는 논리인 것 같다.

'사람으로서의 바른 도리를 지키지 못하는 행위'를 했을 때 우리는 의리가 없는 사람이라고 한다. 그 '사람으로서의 바른 도리'가 무엇인지는 나도 잘 모르겠으나 정녕 F교수는 의리가 없는 위인임에 틀림없다. 좀더 가혹한 말을 쓰면 자기를 데려온 사람에게 칼을 뽑은 배신자라 할 수 있겠다. 그러나 이것도 어디까지나 한국적인 사고방식에서 나온 평가가 아닐까?

이 북미대륙 사람들은 모든 일에 너무 철두철미 자기중심적으로 생각하기 때문에 인간관계에 있어서도 그 관계 자체를 하나의 목적이라기보다 수단으로 생각하는 경향이 많은 것 같다. 한국 사람들이 중요시하는 의리나 신의라는 것도 정情을 근본 뼈대로 하는 것인데 그 정이란 인간관계를 하나의 수단이 아니라 목적으로 받아들일 때 생겨날 수 있는 게 아닌가 하는 생각이 든다.

인간관계를 너무 수단 쪽에 치우쳐 생각하는 사람들에게는 '내게 이利가 오면 친구나 동지가 되고, 손損이 오면 적'이 되는 것이다. 이러한 사람들이 집단을 이루고 사는 사회에서는 '영원한 친구'라는 말도 힘들거니와 '영원한 적'이라는 말도 들어보기 힘든 말일 것이다. '영원한 우방'인 대만이 지금 미국과 어떤 관계에 있고 '불공대천의 원수'인 중공과 소련이 어떤 관계에 있는지 살펴보면 알 수 있을 것이다.

K총장이 자기가 필요해서 데려왔을 것이라고 생각하는 F교수의 생각은, 수단을 중요시하는 인간관계로 보면 크게 빗나간 말은 아니다. 또한 K총장도 F교수에 대해서 우리 한국 사람들이 생각하는 것처럼 배신자라는 말까지 써가며 분해 하지는 않을 것 같다.

K총장도, F교수도 내가 N대학을 떠나 미국으로 간 그 다음해에 다른 어느 대학으로 갔다는 소문을 들었다. 그들은 서로의 이해관계로 만났다가 또 각자의 이해관계에 따라 담담하게 헤어졌을 것이라는 생각을 해본다. 나도 그 대학을 떠난 후 한번도 다시 가보지를 못했다.

(1989. 3)

꼴찌 예찬

≪한국일보≫ 2004년 11월 말경은 확실한데 정확한 날짜는 잊어버렸다. 〈꼴찌의 행복〉이라는 어느 독자가 쓴 글을 보았다. 이 〈꼴찌의 행복〉이란 글의 줄거리는 대략 다음과 같다.

30대 초반이 된 딸 셋을 둔 글쓴이의 아버지 M씨는 자기 딸들이 학교에 다닐 때 한번도 공부하라는 말을 한 적이 없다고 한다. 특히 M씨의 둘째 딸은 고등학교 3년간 보충수업으로 밤 11시까지 학교에 매여 있었는데 겨울이면 벌벌 떨며 학교로 마중 나가는 아내를 보며 우리 교육 현실을 탄식했다. 딸아이가 시험 잘 봤다고 하는 달은 꼴찌로부터 2,3등이었고 졸업 때는 M씨가 아예 꼴찌를 바라서 남들이나 도와주라고 빌었다. 그래선지 딸의 고교 졸업 성적이 정말 250명 중 250등이었다. 졸업식날 딸은 친구와 헤어지는 것을 아쉬워하며 눈물까지 흘렸다. 그 눈물 흘리는 모습을 보며 M씨는 딸의 장래는 걱정 안 해도 되겠다고 마음을 놓았다. M씨 이야기는 여기서 마치기로 하자.

우리 사회에는 1등을 못한다고 안달하는 부모와 M씨 같은 부모가 함께 살고 있다. 여기서 다음과 같은 질문을 던져보자: 누구 마음이 더 여유가 있을까? 물론 답은 M씨 같은 부모일 것이다.

우리가 사는 골목에는 초등학교, 중학교, 고등학교가 몰려 있어서 아침이면 좁은 골목 안에 어린 학생들로 붐빈다. 등교하는 모습들도 제각각이다. 대부분 아이들은 명랑한 표정이고 얼굴에 웃음이 찼으나 어떤 아이들은 지난밤에 잠을 제대로 잘 못 잤는지 아니면 아침에 엄마 아빠로부터 꾸중을 들었는지 등굣길이 대단히 어둡다. 그런데 이상한 현상이 있다. 울먹이던 아이들도 자기 반 친구를 만나면 더없이 기뻐하고 즐거운 표정이 된다는 것이다. 이처럼 학교 다닐 때 친구는 우리의 감정을 좌우하는데 결정적인 영향을 줄 수가 있다.

좌우간 골목을 메우는 어린 학생들을 보고 나는 가끔 이런 생각을 한다. '이 아이들 중에 장래의 대통령도 있고 장래의 죄수도 있을 것이다. 이들 중에는 장차 사기혐의로 잡혀가는 아이도 있을 것이고 사기 친 사람을 잡아가는 학생도 있을 것이다….' 이 중에는 매일 학교 가는 것이 죽기 다음으로 싫은 아이가 있는가 하면 또 한편 목적 달성을 위해서는 학교에는 가지 않으면 안 된다고 생각하는 아이도 있을 것이다….”

어제는 단국대학교 K교수가 서울 시내에서 공부에 흥미를 잃고 떨어져 나가는 학생들이 중 · 고등학교에서만 3만 명이라 한다. 놀라운 숫자이다. 이들 학생 대부분은 학교에서 일어나는 행사에 ‘나와는 상관없는’ 태도일 것이다. 이들에게는 도대체 성적을 일등부터 꼴찌까지 매기는 일부터가 못마땅할 것이다. 어린 가슴에 평생 한恨을 지고 살아서야 되겠는가. 유치원 때 꿈이 서울대학교, 초등학교 때 꿈이 서울대학교, 중학교 때 꿈, 고등학교 때 꿈이 서울대학교…, 졸업하고 사회에 나와서도 서울대학교 못 간 한을 가슴에 품고 평생을 보내는 것은 어딘지 이 사회가 잘못된 것이 아닐까.

이번 학기에도 내가 가르치는 반에 ‘A’는 반 전체의 30%를 주어야 한다는 대학 규정이 나왔다. 소위 말하는 상대평가이다. 반 학생들이 같은 점수를 받은 사람이 많아서 ‘A’를 주다 보니 30%가 넘는 학생이 3명이 더 있게 되었다. 3명을 더 넣으려 했더니 컴퓨터에서 ‘거절’을 해서 성적을 등록할 수가 없다. 억지 트집을 잡아서 이 3명의 학생을 ‘A’ 밑으로 끌어내려야 한다. 또 하나의 학원 범죄다.

‘A’와 사회생활과 무슨 관계가 있을까? 내 생각에는 별 관계가 없지 싶다. 한번은 내 평생에 처음 보는, 성적이 극히 우수한 학생 W양이 장학금 추천을 받으러 왔다. 나는 성적이 극히 나쁜 학생도 별로 좋아하지 않지만 극히 우수한 학생도 별로 좋아하지 않는다. 사회생활에서 요구되는 남과 협동해서 일할 줄 모르기 때문이다. 암튼 나는 좋은 말로 추천서 쓰기를 거절했다. 나는 한국 사회에서 잘 알려진 사람도 아니기 때문에 내가 추천을 하더라도 별 효과가 없을 것이라는 것, 강의를 직접 들어본 사람에게서 추천서를 받는 것이 더 효과가 있을 것이라는 것, 다른 교수에게 추천서 부탁을 해보고 그래도 없을 경우 나를 다시 찾아오면 그 때 가서 추천서를 써 주마고….

그리고는 한 2주 지났을까, 내가 내 연구실에서 대학원 학생들이 두 사람이나 보는 앞에서 쓰러지고 말았다. 학생들이 얼마나 놀랐을까. 키는 장승 같은 사람이 연구실 바닥에 드러누웠으니…. 바로 이 순간 W양이 추천을 받으러 내 문을 두드리게 되었다. 대학원 학생 중에 한 사람이 문을 빼꼼 열고 "선생님이 지금 몸이 몹시 편찮으셔서 119를 불러서 지금 어느 순간에도 119를 기다리고 있다. 다음에 오면 좋겠어요…." "선생님이 서명만 하면 되는데…. 1분밖에 안 걸리는데…." 선생이 어디가 아프냐, 미안하게 됐다는 등의 형식적인 말 한마디 없이 1분만 하면 서명할 수 있는데 소리만 연거푸 하더란다. 물론 이 이야기도 응급실에서 완전히 깨어난 뒤에 학생들로부터 들었다. '참 이상한 학생'이라는 게 학생들의 말이었다. '추천서 써주는 것을 거부하기를 참 잘했다.'는 생각이 든 것은 바로 이 때였다.

W양은 서류로 보면 뛰어난 학생이다. 성적으로 보면 뛰어

나고 우리 사회에서 그처럼 좋아하는 수석일 것이다. 그러나 남과 같이 일하는 데는 꼴찌일 가능성이 크다. 수석과 꼴찌…. 다같이 비난을 받아야 할지 다같이 칭찬을 받아야 할지는 모르겠으나 나는 이 경우만큼은 꼴찌한 학생은 다르리라는 막연한 생각을 한다.

이번 겨울 방학에는 학생들에게 제발 책 보는 것은 그만두고 친구들과 여행이나 다녀오라고 권했다. 여행에서는 누가 일등이고 누가 꼴찌를 했는지 그 지긋지긋한 등수라는 게 없다. 그리고 단체 여행에서는 나 혼자 살겠다고 발버둥치는 것도 그리 점잖은 행동은 못 된다는 것을 가슴으로 느낄 수가 있는 것이다. 여행길에서는 학교에서 꼴찌가 가끔 일등으로 둔갑하는 경우도 있다.

(2004. 12.)

논다는 것

학생들에게 이번 방학에 무얼 하느냐?고 물어본다. 대부분이 영어 강습소를 다녀 영어 실력을 올리겠다는 대답이다. 나는 친구들과 여행을 가든지, 소설이나 보며 집에서 실컷 놀기나 하라고 권한다. 생각해 보면 사람이 놀 수 있는 때가 그리 많지 않은데, 그 때는 바로 학창 시절, 그것도 방학 때일 것이라는 말도 잊지 않는다.

학생들은 여행은 참 좋은 생각이지만…, 하고 뒤끝을 흐린다. 아마도 여행할 돈이 없기보다는 할 일이 이렇게 많은데 뒤로 물려놓고 여행을 쉽게 갈 수 있겠느냐는 것 같다. 요새 학생들은 이런 의미에서 참 불쌍하다. 웬 학생이 해야 할 일이 그렇게도 많은지!

여행은 노는 것이다. 노는 것은 즐거운 것. 여행에서 밖으로 나타나는 것은 어디까지나 소비성 행사이다. 그런데 우리는 노는 것과 일하는 것을 엄연히 구분한다. 책을 들여다보며 영어 단어라도 하나 더 외우려 할 때는 공부, 만화나 보고 낚시질을 가는 것은 노는 것이라 생각한다. 맞는 말이다. 놀이는 일 않고 세월을 보내는 것이니까.

'놀다'라는 말은 재미있고 즐거운 일이니 여가가 있어야 할 수 있는 행위이다. 옛날 옛적에는 놀이는 일과 함께 존재했다. 즉 놀이는 노동을 즐겁게 해주는 목적으로 있었다. 농사일을 하며 부르는 농요나 고기를 낚으며 부르는 뱃노래를 보면 알 수 있다. 고인돌을 운반하는 것을 생각해 보자. 무거운 돌을 움직이다가 잠시 쉬는 시간에 어떤 사람은 술을 마셨을 것이고, 어떤 사람은 노래를 흥얼거렸을 것이고 또 어떤 사람은 풋잠을 잤을 것이다. 모두다 다음 차례의 힘든 노동을 준비하기 위해서 제각기 다른 놀이를 한 것이다.

한편 일은 힘들고 고단한 것이다. 옛날 옛날 그 옛날, 일과 놀이가 나뉘어지기 전에는 노는 꼴이나 노는 양量도 사람들 사이에 별로 다를 것이 없었다. 그러나 계급 사회가 되어, 가진 자와 가지지 못한 자가 나타나면서 가진 자는 고된 노동을 적게 함으로써 시간적 여유가 더 많았고 놀 시간이 더 많아졌다.

놀이에도 동서양에 차이가 있는 것 같다. 우리나라같이 집단주의 유교권 사회에서는 노는 데도 '건전하게', '점잖게', '신분에 맞게' 놀아야 한다. 그러니 서당깨나 다닌 사람은 여가에

난초를 치거나 서화나 창唱을 즐길 것이요, 놀이패 같은 것은 못 배운 사람이나 하는 놀이다. 놀이에 대한 경직성이 크고 여가선택의 폭도 극히 좁다. 예로, 봄이면 널뛰고, 연날리고, 윷판 벌이고 여름에는 그네나 씨름, 가을이면 강강수월래나 농악이 전부인 것이다. 그리고 놀이도 스타일이 있어야 한다. 도박을 한다든지 버스간에서 춤은 비난의 대상이 된다. ≪여가사회학≫이라는 책을 쓴 김문겸님 주장에 의하면 우리 놀이에는 TV나 술집, 바둑이나 장기처럼 자리를 뜨지 않고 "앉아서 깔고 뭉개는" 놀이가 많다고 한다. 땅을 떠나기 싫어하는 농경사회의 유물이 그대로 있는 것 같다.

반대로 서구의 개인주의 사회에서는 놀이가 사회 공익만 해치지 않고 자신에 기쁨만 주면 OK이다. 고로 여가문화도 개인주의 사회에서는 민주주의 의식만큼 여러 가지여서 개인이 원하는 것을 선택하는 그 자체가 여가이다. 여가의 범위는 여러 가지. 도박, 마약 등이 사회적으로 큰 거부감 없이 여가활동으로 수용된다는 것이 Godbey라는 사람의 주장이다. 우리나라 같은 농경국가에서 출발한 나라의 놀이는 협동을 요구하거나 집단 단결을 유지하는 놀이, 예를 들면 줄다리기나 횃불싸움 같은 것이 많다고 한다. 우리는 좀처럼 혼자서 노래방이나 술집을 가지 않는다.

그런데 요새 놀이의 여왕벌로 뜨는 것이 하나 있으니 이는 다름 아닌 노래방이다. 노래방은 참으로 단군의 피를 받은 자손 적성에 맞는 놀이인 것 같다. 첫째 그것은 어디까지나 노래 중심이니 노래를 좋아하는 한국사람 취향에 꼭 맞는 것이요, 둘째 노래방은 여러 사람이 빙 둘러앉아서 제 신명 나는 대로 하는 것이니 미리 정한 순서가 있는 것도 아니다. 상황에 따라서는 나이 많은 사람이 첫 번째 노래를 하는 사람으로 지목되는 경우가 있으나 이것도 알고 보면 어디까지나 나이 많은 사람을 빨리 잠재우고 젊은 사람들끼리 놀겠다는 속셈이 있는 경우가 많다. 셋째, 마이크를 잡은 사람이 노래를 잘하거나 못하거나는 큰 상관이 되질 않는다. 마이크를 잡은 사람이 정말 노래를 잘못할 때는 응원군은 얼마든지 있으니 노래를 잘하고 잘못하고에 신경을 쓸 필요가 없다. 그러므로 노래방이 한국사람의 놀이 문화에 차지하는 비중은 생각보다는 크고 오래갈 것 같다.

한국의 놀이문화는 굿판과 밀접한 관계가 있다고 한다. 굿판에서는 흥을 잘 내든 못 내든 별 상관이 없고 모든 사람들이 동등한 대접을 받는다. 술을 마실 줄 모른다 해도 억지로 술을 권하는 것도 굿판과 비슷하다는 것이다.

우리 사회처럼 가진 자라 할까 지배계급의 놀이행사도 이중적으로 되어 있는 사회도 드물지 싶다. 우리나라에서 지배계급은 겉으로는 '건전'을 외치지만 뒤로 돌아서서는 '호박씨 까는', 원색적인 놀이를 하고 있는 것을 볼 때가 많다. 건전을 외치던 지배계급이 은밀히 또 하나의 '사모님'을 두고 있다든지 원색적인 오락을 즐기고 있을 때가 많다는 말이다.

오는 겨울방학에는 학생들이 뭐 좀 달라졌겠지. 어떤 녀석은 소설을 많이 읽었을 테고, 또 어떤 녀석들은 삼삼오오 짝을 지어 동해안 눈바람을 맞고 왔을 것이다. 이 모두가 어른이 되면 해 보기가 예상했던 것보다는 쉽지 않은 놀이들이라는 것은 녀석들이 어른이 되어보면 알 일.

1주만 있으면 겨울방학이다. 신난다. 나에게 시작되는 영원한 겨울방학, 즉 은퇴가 내년으로 성큼 다가왔다. 나는 은퇴하면 무엇을 할까? 읽고 싶은 책을 읽는다? 그것도 쓸데없는 일. 10분만 보면 눈이 어른거려 책도 읽을 수 없을 것이다. 그 때는 색소폰이나 부 부 불어보고 싶지만 그럴 기운이 있겠는가. 걸어서 10분 남짓 거리에 큰 저수지가 있으니 낚시질이나 갈까.

(2004. 12. 7.)

담장

아이들이 고등학생이 되니 방이 좁다고 불평을 해서 이 도시에 이사온 후로 4년 동안 살던 집을 팔고, 바로 옆 동네에 새로 개간한 땅을 사서 집을 지어 이사를 왔다. 새로 꾸민 주택지라 집들이 제멋대로 자리잡은 것까지는 좋은데 어떻게 되다 보니 이웃집의 뒷마당이 한데 붙어서 서로 마주보게 되었다.

그런데 마당마다 잔디가 깔려 있으니 동네 축구시합이라도 할 수 있을 만큼 널찍하고 탁 트여서 시원해 보이고, 아이들도 마음대로 뛰놀 수 있어서 참 좋다고 생각되었다. 옆집 채소밭에 토마토가 얼마나 달렸나 들여다볼 수 있는 재미는 물론, 여름에 날씨가 무더울 때에는 젊은 부인들이 수영복 차림으로 왔다갔다해서 훈훈한 봄바람마저 일렁이는 그런 우리 뒷마당. 바로 뒷집에 사는 계리사인 B씨와는 앞으로 담장을 하지 말고,

"우리 이렇게 탁 터놓고 살자."는 얘기도 했다.

그런데 얼마 전에 우리 집 바로 옆집이 팔려서 새 주인 P씨가 이사를 왔다. 하루는 이 P씨가 오더니 하는 말이 자기 집 뒷마당에 나무로 판장을 할 작정인데 우리 집과 경계한 부분에 드는 비용을 서로 반반씩 나누어 물자는 것이다. 그래 우리는 판장을 원하지 않지만 "네가 구태여 판장을 세우겠다면 그 비용의 반은 물겠다."라고 선선히 승낙하였다. 동방예의지국에서 온 사나이의 시원하고 미끈한 대답이었음은 물론이다.

며칠이 지난 후 P씨와 왼쪽으로 뒷마당을 맞대고 있는 동료 교수 M씨를 만났더니 하는 얘기가 시청에 가서 알아보았더니 한쪽에서 담장을 원하고 또 한쪽에서는 원하지 않을 경우에는 원하지 않는 쪽에서 비용이 가장 적게 드는 철망담장으로, 그것도 5피트까지의 비용의 절반만 내면 된다는 것이다. 그래서 자기는 벽돌로 하든, 나무로 하든 상관없이 철조망으로 세우는 담장값의 반만 내겠다고 P씨에게 얘기를 했다는 것이다.

하늘 맑게 갠 어느 날, 아침부터 P씨의 망치 소리, 톱질 소리가 요란하더니 저녁때 직장에서 돌아와보니 임꺽정林巨正이도 한 번에는 뛰어넘지 못할 정도의 높은 판장이 세워져 있었다. 이제 약속한 대로 내가 그 비용의 절반을 물어야 할 차례다. 그러나 우리 집 경리부장인 아내의 말이 몇 달을 기다려야 그만한 돈의 여유가 생기겠다는 우울한 소식 .

이런 일을 당해보면 동양 사람과 서양 사람들 간에 큰 차이가 있는 것 같다. 즉, 서양 사람들은 우리 동양 사람들에 비해 우리가 흔히 비꼬아 말하는 '개인주의'가 심한 것 같다. 그런데 문화인류학자들의 얘기에 의하면 서양에서 개인주의라고 할 때 그 '개인'이라는 말 속에는 독립된 개체의 의미가 강조되고 독립심이라든가, 자기신뢰, 자기주장, 자유의사 같은 개념들이 내포되어 있다는 것이다. 특히 이 북미 대륙에서의 개인주의는 그 성격이 매우 거친 개인주의, 말하자면 서부개척시대에나 볼 수 있는 '겁없는 사나이', '외롭고 용감한 늑대', '경쟁과 야망에 불타는 투혼' 등등으로 표현되는 씩씩한 표상을 내포한다는 것이다. 이러한 개인주의는 그들의 자녀를 양육하는 데에도 철저히 반영되어 부모는 아이들이 아주 어렸을 때부터도, "네가 결정해라.", "그건 네가 알아서 할 일" 등 자기 스스로의 결정을 요구한다는 것이다.

그러나 동양에서는 '개인'의 의미는 대인관계의 '연관성'으로 해석된다는 것. 즉 한국이나 일본 같은 나라에서 '개인'이라 할 때에는 하나의 독립된 개체보다는 다른 아무개와 어떤 관계를 지어서 설명된다. 예로, 개인을 설명할 때 우리는 흔히 아무개의 전 남편, 아무개의 제자, 아무개 사장의 사돈 등 '아무개'라는 개념을 넣어서 설명한다는 것이다. 개인이 어떤 아무개와 어떤 연관성을 갖고 있느냐 하는 것은 바로 그 개인의 특성 여하와 직결됨은 물론, 아무개를 알고 있다는 사실을 넘어서 아무개가 지니고 있는 도덕적인 분위기와 그 후원까지도 내포하고 있다.

그런데 이같이 다른 개인과의 관계를 강조하는 문화 속에서는 개인 상호간의 신뢰와 의존이 전제된다. 즉 서로 믿는 관계에 있는 사람은 서로 도와주는 것이 일종의 묵계 비슷하게 전제되어 있다. 도움을 요청하는 사람은 상대방이 그 부탁을 들어줄 것이라는 기대가, 그리고 도움을 부탁받은 사람은 자신에게 약간의 불편이 있더라도 그 부탁을 들어주려고 애쓰는 것이 전제된다. 그러니 만일 도움을 요청한 것이 거절당했을 때에는 도움을 청한 사람의 체면손상을 의미하고, 앞으로는 다시 그런 부탁을 하기 꺼려하는 것으로 되어 있다.

그러나, "자신의 이익을 우선으로 놓고 자기 자신이 스스로 돌보아야 한다."는 말이 금과옥조인 미국 같은 나라의 개인주의에서는 개인권리의 주장이 우선한다. 그러니 부탁을 받고 거절해도 그 사람에게 그렇게 할 권리가 당연히 있다고 보기 때문에 우리네처럼 거절당해서 체면손상이 되었다고 생각하는 경우는 적다.

동양과 서양의 이와 같은 차이를 우리 동양의 눈으로 본다면 서양은 한없이 매정스럽고 동양은 인정과 의리가 있는 사회일 것이고, 서양의 눈으로 본다면 동양은 너무나 의존적이고 서양은 피차 다른 사람에 대한 부담감 없이 개인권리를 살려가며 살 수 있는 사회일 것이다.

좌우간 우리 집 뒷마당에 3면 중의 2면은 6피트가 넘는 나무판장이 장엄한 모습으로 서 있다. 그러나 그 나머지 한쪽, 그곳에는 판장이 있었으면 프라이버시가 보장되어 더 아늑하고 좋앉을 바로 거기는 휑하니 비어 있다. 머리를 깎는데 한쪽만 깎다가 만 꼴이다. 기왕이면 남은 한쪽도 마저 담장으로 했으면 좋겠다 싶어 옆집 노인 K씨를 만나 얘기했더니, "하고 싶으면 해라. 나하고는 아무 상관없다."라고 잘라버리는 게 아닌가. 그러니 나만 P씨에 바보짓을 한 게 분명하다.

내가 왜 애당초 판장값 반을 내겠다고 했는가. 혼자 바보짓을 했다고 투덜대니, 아내는 그걸 갖고 못 내겠다고 버티면 너무 야박하지 않느냐, 이럴 때에는 좀 묵직하게 사나이답게 있어보라는 것이다. 글쎄 묵직한 사나이도 좋지만 우선 내 주머니가 비어 있으니 하는 불평이 아닌가. 옆집에 사는 새 판장의 주인 P씨는 나를 시원통쾌한 사나이로 보기보다는 '아무 저항도 못하고 그저 순순히 따라오는 진짜 바보'로 보았을 것이고, 아내는 속으로 '혼자서 감았다 풀었다만 했지 밖에 나가서는 실속은 하나도 못 차리는 좀생이'로 보았을 것이다.

오늘도 맑은 날, 새 판장으로 둘러싸인 P씨의 집에서는 아이들이 뒷마당에서 개를 데리고 노는 소리가 들린다. 저쪽 한길 쪽으로 산책하는 어느 젊은 부부가 우리 집 쪽을 보면서 뭐라고 얘기를 한다.

"…저기 저집은 판장을 하려면 끝까지 다하지, 왜 하다 말고 그만뒀을까?" 좇아가서 붙들고 사정 얘기를 좀 할까? 저기 저 높은 담장이 바로 동양과 서양을 갈라놓는 분계선이라고.

(1986. 11.)

사교춤

정민 교수가 쓴 ≪한시 미학 산책≫에 나오는 조선 후기 큰 문장가 연암 박지원의 글에 마을 꼬마에게 천자문을 가르치는 이야기다. 꼬마가 게으름을 부리자 선생이 아이를 야단친다. 그러자 꼬마가 대꾸하는 말, "하늘을 보면 푸르기만 한데 내가 배우는 하늘 천天자는 검다고만 하니 읽기 싫어요!" 참 기막힌 대꾸다. 천자문의 처음 4글자가 천지현황(天地玄黃: 하늘은 검고 땅은 누르다)인데 꼬마의 감각 기관을 통해 들어오는 (푸른)하늘과 책에서 말하는 (검은)하늘이 서로 다르니 책을 읽을 마음이 싹 가신다는 말이다. 어려서부터 이 정도로 자기주장이 뚜렷한 아이는 기러기 엄마, 기러기 아빠를 따라 개인의 독자적 생각이 한국보다는 더 너그럽게 받아들여지는 캐나다나 미국으로 와서 학교를 다녔으면 공부에 싫증을 덜 느끼는 학생이 될 수 있었지 않을까 하는 생각이 든다.

연암 박지원에 의하면 까마귀의 검은 색도 햇빛이 반사되는 각도에 따라 파란색으로도 보이고, 검붉은 색, 은색으로도 보인다. 그러니 시詩를 쓰는 사람은 까마귀를 푸른 까마귀로, 검붉은 까마귀, 은색 까마귀, 혹은 그 외에 자기 마음에 떠오르는 아무 색깔의 까마귀로 볼 수 있는 직관적인 '열린 마음'을 가질 수 있어야 한다는 말이다.

그림에서도 그렇다. 우리가 좋아하는 인상파 화풍에서는 사물의 색깔과 모양이 고정되어 있는 것이 아니고 햇빛의 반사와 주위 사물에 따라 순간순간 그 모습이 다르게 나타난다고 보지 않는가. 시인이 까마귀가 푸른 까마귀, 혹은 은색 까마귀라는 것과 마찬가지다.

하루는 H씨와 우리가 사는 콘도미니엄 뒤 수목원 산책길을 걷다가 매 한 마리가 다람쥐를 잡으려고 하고 다람쥐는 죽을힘을 다해서 숲 속으로 도망가는 광경을 보았다. 순간적으로 H씨와 나는 소리소리 지르며 그 매를 쫓아 버리고 그 사이에 다람쥐 녀석은 숲 속으로 달아났다. H씨와 나는 "오늘 참 좋은 일을 했구나." 하고 흐뭇해했다. 그런데 그 '좋은 일'이란 것도 어디까지나 보는 입장에 달린 것, 다람쥐 편에서 보면 우리는 생명의 은인이지만 매 편에서 보면 '남의 점심 식사를 방해하는 몹쓸 늙은이들'에 지나지 않는다.

우리가 '진리'니 '정의'니 하는 것도 고정된 게 아닐 때가 많다. 많은 경우, 바라보는 입장에 따라 진리와 진리 아닌 것, 정의와 불의가 서로 자리바꿈을 해야 할 경우가 많다는 말이다. 이것을 알면 내가 옳으니 네가 틀렸느니 하는 말다툼도 시간 낭비일 때가 많다.

연암의 동네 꼬마에게 천자문을 가르치는 일화는 우리에게 중요한 교훈을 던져준다. 어린이들에게 무엇을 가르칠 때는 그 가르치는 내용이 어린이의 경험과 맞아 떨어지면 더 큰 학습효과를 얻을 수 있다는 말이다. 예로 아무리 정직과 효도를 강조해도 그것들이 그 어린이의 성숙도나 경험과 맞지 않을 때는 별 효과가 없는 것이다.

몇 주 전부터 H씨네와 운동 삼아 매주 목요일 저녁이면 사교춤을 배우러 간다. 본래 운동 신경이 무척 무딘 나는 따라가기에 말할 수 없는 어려움을 겪고 있다. 선생님은 이렇게 쉬운 것을 왜 못하느냐는 표정으로 나를 본다. 첫 시간부터 학습장애자로 찍혀 이제는 배우고 싶은 의욕도, 재미도, 자신감도 모두 줄어들었다. 물론 모두 내 탓이다.

그러나 나도 천자문을 배우는 동네 꼬마처럼 선생님께 할 말은 있다.

"사교춤이 쉽고 재미있다고 했는데 말할 수 없이 어렵고 재미도 없어요."

(2007. 3.)

죄와 벌

대학에 다니는 아들놈이, 지난해에 실제로 있었던 일이라고 이름까지 대가면서 다음과 같은 얘기를 해주었다.

즉 우리 대학 2학년에 다니는 M이라는 학생은 유태인계 교수의 가정에서 태어나서 대학에서는 평균 성적이 90점을 오르내리는 우등생이었다. 그런데 어느 학년말 고사에서 M은 시험 전날 밤에 그 시험과목 담당교수의 연구실에 몰래 들어가서 시험지를 훔쳐내어 그 다음날 시험에서 만점을 받았다. 그후 몇 달이 지나면서 M은 시험지를 훔쳐냈다는 죄의식 때문에 고민하다가 하루는 그 교수를 찾아가서 고백을 하였다. M군의 고백을 듣고 난 담당교수는 노발대발하여 학교 당국에 보고를 하고 M군의 점수를 취소시킴은 물론 한 학기 정학처분까지 내렸다는 그런 얘기다.

이 이야기를 듣고 나는 만일 내가 그 교수였다면 어떻게 했을까 잠시 생각해보았다. 아마도 나는 우선 M을 호되게 야단을 치고, 훈계를 하고 나서 기왕 보고된 점수는 점수니 그대로 두고, 그 대신 책을 몇 권 더 읽어서 요약을 해내라고 했을 것 같다. 제 발로 찾아와 고백을 했으니 다시는 이런 일을 저지르지 않겠지 하는 안도의 한숨까지 쉬면서…….

하루는 서양 동료교수 몇 사람들에게 M군의 이야기를 하고 "네가 그 담당과목 교수였다면 어떻게 했겠느냐."고 물어보았다. 개인차이는 있지만 대부분이 자기도 그 교수와 마찬가지로 학교 당국에 보고를 하고 점수를 취소했을 것이라는 대답이었다. 고백은 고백이고 부정은 부정이니 제 발로 걸어 왔다고 해서, 부정수단을 써서 얻은 점수라는 것을 번연히 알고도 그냥 눈감아두는 것은 잘못이라는 것이다.

스스로 고백을 해온 학생이니 그냥 용서를 해주면 감화를 받아서 다시는 그런 잘못을 되풀이하지 않을 것이 아니냐는 내 의견에 대해서 강화이론까지 끌어대가면서 동료들은 이의를 제기하는 것이다. 즉, 고의로 잘못을 저지르고 고백을 하고 용서를 받으면 그 일련의 행동 자체가 강화되기 때문에 앞으로 또 잘못을 저지르고 고백만 하면 그만인 걸로 생각하기가 쉽다는 것이다. 또한 M이 다른 학생들에게 그 교수의 용서를 얘기하면 전례가 되어 앞으로 또 그런 일을 저지르는 학생이 나올 것이니 그때엔 되려 그 행위를 용서한 자기 자신이 곤란한 입장에 놓이게 된다는 것이다.

이런 경우를 당해서 우리 동양 사람들은 사리의 분별보다는 덕성 내지 인격적인 감화를 더 내세우는 것 같다. 그러니 점수가 타당한가의 여부보다는 제 발로 찾아온 그 태도에 더 주목을 할 것 같다. 우리의 어렸을 적 시절을 돌이켜 생각해봐도 나쁜 짓을 했을 때 너그럽게 용서해준 사람이 기억에 오래 남고, 비슷한 유혹이 있을 때 그 용서를 베풀어준 사람의 얼굴이 떠올라서 그 유혹을 물리친 경우도 있지 않은가. 이번에 용서를 받았으니 다음에 또 그렇게 되겠지 하는 각박한 기회주의적 발상은 적어도 우리 동양 사람들은 여간해서 하지 않는 것 같다.

또한 학교 당국에 보고를 하고 점수를 취소해서 가혹한 형벌을 주었을 때 이 학생에게 주는 마음의 상처를 생각해보지 않을 수 없다. 이 일로 인해서 M군이 일평생을 가슴에 '주홍글씨'를 달고 다닌다면 교육자로서 학생에게 준 그 행위의 결과가 얼마나 끔찍한 것일까. 그 학생으로서는 믿는 도끼에 찍힌 발이 또한 얼마나 아프고 서러울까.

M군이 부정한 수단으로 점수를 얻었으니 이를 시정해야 한다고 대학에 보고하는 그 교수의 옹고집 내지 합리성에 우리가 본받아야 할 점이 없는 것은 아니다. 그러나 아무리 합리성이 좋기로소니 이렇게까지 사제간에 훈기가 없어서야 되겠는가. 잘못을 저질렀을 때 용서를 해주는 것은 그 사람의 후덕함을 과시하는 것이라기보다는, 그 잘못한 사람의 양심에 감화를 주

어 인격적인 변화를 기대하는 교육적인 배려가 아니겠는가.

M군이 만일 한국에서 비슷한 일을 당해서 교수를 찾아갔다면 아마도 준엄한 꾸지람과 함께 용서를 받고, '이런 잘못을 저지른 것이 참으로 부끄럽다.'는 생각을 하고 돌아섰을 것이다. 그러나 이 합리성을 강조하는 서양에서는 M군은 재판소에 가서 유죄판결을 받는 것과 별다름이 없게 되었으니 '더럽게 재수 없다.'는 생각을 하면서 돌아섰을 것이다. 또한 부끄럽다는 생각보다는 제 발로 찾아가서 고백하는 그런 바보짓은 다시는 하지 않으리라고 이를 악물면서 맹세할지도 모르는 것이다.

어려서 한문을 배울 때 이런 구절이 있던 것이 생각난다.

"도道로써 정치를 하고 규율로써 형을 다스리면 백성에 부끄러움이 없느니라……."

교육에도 이 말은 맞는 것 같다. 물론 어디까지가 도의 한계인지를 구분하는 일은 결코 쉬운 일이 아니지만…….

(1986. 11)

칭찬과 겸손

한국의 저명한 수필가요 영문학자인 피천득 교수가 토론토에 잠시 방문했을 때 토론토 교민사회에서 문학활동을 하고 있는 사람들과 피 교수의 아드님 댁에서 저녁자리를 같이한 적이 있다.

그날 참석한 문인협회 회원 하나하나를 소개하며 문학의 어떤 부문에 관심이 있는가를 소개하는 순서가 있었다. 시인 C씨의 차례에 가서는 옆에서 누군가 '좋은 시를 많이 쓰는 시인'이라고 거들었고, 시인 J씨 차례에 가서도 역시 '아름다운 시를 쓰는 시인'이라고 칭찬을 하였다. 그랬더니 C씨는 "아이구 뭘요……." 하며 부끄러워서 어디로 숨어버리고 싶은 표정을 짓고, J씨 역시 갓 시집온 새색시같이 얼굴을 붉히면서 모기만한 소리로 "고맙습니다……." 하는 대답을 겨우 꺼내는 것이었다. 내 소견으로는 C씨와 J씨의 이 짤막한 대답 속에 동·서양의 커다란 문화적 차이가 숨겨져 있는 것 같았다.

하버드 대학교에 심리학 교수로 있던 스키너라는 양반이 주창한 소위 행동주의 심리학 이론에 의하면, 인간들이 모여 사는 사회에서는 행동에 따른 상벌의 기준이 엄격하게 정해져 있고, 인간행동은 크게 작게, 직접 간접으로 이 상벌 여하에 따라 좌우된다는 것이다. 이 상벌을 전문적인 용어로 말하면 강화자극强化刺戟이라고 한다. 정적正的 강화자극이란 음식이나, 돈, 명예, 웃음, 인정認定, 칭찬과 같이 그 강화자극을 받는 수령자에게 쾌快하고 좋은 결과를 가져오는 자극을 말하고, 부적負的 강화자극은 배고픔, 내 외부에서 오는 신체적 고통, 모욕, 멸시, 불명예와 같이 그 수령자에게 불쾌감을 가져와서 그 수령자는 한시라도 빨리 그 상태를 벗어나려고 애쓰는 자극을 말한다. 어떤 행동을 하고나서 정적 강화자극이 따르면 그 행동은 다시 되풀이될 가망이 많고, 반대로 부적 강화자극이 따르면 그 행동은 되풀이되지 않을 가망이 많다는 것이 그 원리의 골자다.

그런데 인간의 행동은 의식 무의식적으로 이 정적 강화를 최대한으로 확보하려는 방향으로 행동을 취한다는 것이다. 예를 들어보자. 어느 집에 저녁식사를 초대받아 간 손님이 그 집 안주인을 보고" 참, 음식솜씨가 그만이십니다……." 하고 칭찬(정적 강화)을 하면 그 안주인의 대답은 십중팔구, "아이구 뭘요…….” 하든지 “고맙습니다……. 아직 멀었는데요…….” 하는 정도에 그치지, “내 음식솜씨 좋은 줄 여태 몰랐었어요?” 하지는 않는다. “아이, 뭘요…….” 하고 겸손한 대답을 할라치면 손님은 또, “무슨 말씀을……. 요새 이런 음식 맛보기는 힘들지요.” 하고 추가로 칭찬을 해와서 결국 그 안주인에게 떨어지는 칭찬의 양이 더 커지는 것이다.

동 · 서양을 막론하고 인간사회에서는 혼자서, 남의 도움을 받지 않고 행하는 ‘독자적인 행동’에 대해 가장 큰 정적 강화를 부여한다. 예로, 어린아이가 혼자 양치질을 하거나 운동화 끈을 매면 부모들은 대견스러워 칭찬을 아끼지 않는다. 그런데 이 ‘독자적인 행동’을 보이려고 애쓰는 것은 어린아이뿐이 아니다. 자세히 살펴보면 어른도 마찬가지인 것이다.

선물을 사들고 다른 사람 집에 갔을 때 그 집 주인이 선물을 끌러보면서, “너무 과용을 하셨네요…….” 하면 “아이구, 뭘요…….” 하지, “예, 돈 좀 썼습니다…….” 하거나 “우리 집 사람이 그걸 사가라고 부탁해서요…….” 하는 남에게 의존했다는 흔적은 보이지 않는다. 강단에서 연설을 하는 연사들이 되도록 준비해온 메모 쪽지에 의존하지 않으려고 힐끗힐끗 도둑질해 보는 것도 꼭 마찬가지 원리다. 메모를 너무 자주 들여다보며 읽다시피 연설을 했을 때에는 ‘독자적인 행동’에서 그만큼 벗어났기 때문에 칭찬의 양이 그만큼 줄어들어 이를 방지하려는 무의식적인 책략을 쓰는 것이다.

축구 같은 운동시합을 보아도 어떤 선수가 적진을 혼자 뚫고 나가서 혼자 공을 차 넣었을 때, 관중들의 발을 구르는 환성이 터지는 것이다. 미국 대륙을 발견한 콜럼버스는 그의 이름이 주어진 도시 이름이 몇 개가 되고, 그를 기념하는 동상(정적 강화)이 수십 개가 된다.

그런데 1968년인가, 달나라를 다녀온 암스트롱(Armstrong)의 이름은 세상 사람들의 입에 오르내리는 빈도가 훨씬 적다. 왜 그럴까? 이것도 아마 '독자적인 행동여부'에 따른 평가 때문인 것 같다. 즉 콜럼버스는 미국 대륙까지 남에게 의존을 하지 않고 제 혼자 힘으로 갔다. 그러나 암스트롱은 달나라까지 가긴 했어도 미국우주항공국(NASA)의 과학자와 컴퓨터의 조종을 받았으니 남에게 의존을 한 정도가 너무 컸기 때문에 정적 강화의 양이 그만큼 줄어든 것이다. 이렇게 보면 우리가 '문화적 차이'라고 할 때 그 '문화'라는 것도 결국 어떤 행동을 했을 때 어떤 강화자극이 따르느냐 하는 강화기준의 차이를 지적하는 것에 불과하다는 말도 성립이 된다.

C씨는 "아이구 뭘요……." 했을 때 한국식 대답을 한 것이고, J씨는 "고맙습니다……." 했을 때 서양식 대답을 한 것이다. 이렇게 짧은 말 한마디에도 동 · 서양의 차이가 나타날 수 있는 것이다. 아닌게 아니라 C씨는 이민온 지 1년밖에 안 되는 뉴캐너디언이고 J씨는 이 땅을 밟은 지가 10년이 넘는 노장이다. 그러나 C씨 J씨 모두 당황해서 어쩔 줄 모르는 것을 보면 두 사람

다 '한국'이라는 테두리를 아직 완전히 벗어나지는 못한 것 같다.

이제는 누가 나를 칭찬해주면 내게 떨어질 정적 강화의 양을 한참 계산해보고 나서 대답을 해야겠다. 그런데 도대체 칭찬을 받을 일이 별로 없으니 이 또한 낭패가 아닌가.

(1988. 12)

학생의 목소리

O형, 며칠 전에는 이런 일이 있었습니다. 내가 맡은 과목 〈교육심리〉 중간고사를 치렀는데 채점을 마치고 나니 학생 한 사람의 답안지가 눈에 띄질 않았습니다.

2백 명에 가까운 학생들이 등록한 과목이니 강사인 내 잘못으로 답안지를 잃어버렸는지, 학생이 시험장엘 나오지 않았는지를 알기가 무척 어렵고, 또 만일 내 부주의로 잃었다면 문제가 커질 수도 있는 것이기 때문에 여간 신경이 쓰이는 일이 아니었습니다.

그래서 그날 저녁 때, 그 학생의 집으로 전화를 하고 어떻게 되었는지를 조심스럽게 물어봤습니다. 학생의 대답인즉, 원래 내 강의를 듣고 있었는데 시험 바로 며칠 전에 다른 강사가 맡은 반으로 옮겼기 때문에 내 반에서 시험을 칠 필요가 없게 되었다는 것이었습니다. 내 강의가 별로 신통치 않았거나 아침 첫 강의를 들으러 새벽부터 일어나서 부산을 떨어야 하는 것이 무척 귀찮았던 모양입니다. 왜 교무과에서 담당 강사인 나에게 그 사실을 곧바로 알려주지 않았나 하는 원망도 들었으나 일이 너무나 명쾌하게 해결되었다는 기쁨에 이런 감정은 일순간에 사라지고 말았습니다.

그런데 그 이튿날 점심때가 조금 지나서 대학 학생과에서 내 앞으로 메모가 하나 왔습니다. 내용인즉, "앞으로는 무슨 일이 있을 때는 학교 당국에 얘기를 할 것이지, 학생 집으로 전화를 하지 말아달라."는 부탁이었습니다. 바로 전날 내가 〈교육심리〉 시험 때문에 집으로 전화를 한 사실에 기분이 상한 그 학생이 대학 당국에 불평을 한 것이지요. 나는 어이가 없어서 웃고 말았지만 그 웃음의 뒷맛은 그리 개운치 않았습니다.

O형, 이 작은 사실 하나를 가지고 과장해서 떠들고 싶은 생각은 없습니다만, 이런 일을 한 번씩 당하고 나면 강단에 서기가 무서운 생각이 듭니다. 학생들의 선생에 대한 신뢰감이나 존경심은 자꾸 줄어들고 있다는 생각이 들지요. 요즘 학생들은 선생은 취직을 하는 데 필요한 기술과 지식을 배달해주는 전문가로만 생각하지, 그 이외는 자기 자신에 대한 어떠한 일도 간섭해서는 안 되는 사람으로 생각하고 있다는 말입니다. 선생의 잘못을 찾아내어 용감하게 들고 일어서는 것이 학생으

로서의 신성한 의무로 생각할 정도로 선생을 보는 눈이 차갑고 비판적입니다. 그래서 교단에서 말 한 마디만 잘못해도 영원히 헤어날 수 없는 누명을 뒤집어쓰게 되는 경우가 너무나 많습니다.

실제 내 눈으로 본 예로, 몇 해 전에 영어권인 다른 어느 나라에서 내가 몸을 담고 있는 과科 교수로 취직이 되어 온 지가 얼마 안 되는 동료 한 사람은 멋모르고 성인잡지 ≪플레이보이(Playboy)≫의 상징인 토끼 한 마리가 그려진 넥타이를 매고 나왔다가 여학생들한테 혼쭐이 난 적이 있었습니다. 또 다른 동료 한 사람은 학생들에게 나누어준 참고문헌 목록에 여성 저자들의 숫자가 너무 적다고 학생들로부터 공식적인 불평을 들었습니다. 이대로 가다가는 "네 얼굴색이 안 좋은데 어디가 아프냐?"는 실문 같은 것도 성희롱으로 인정되어 금지될 날이 오고야 말겠구나, 하는 생각이 듭니다.

학생이 선생을 보는 눈이 이러니 학생을 보는 내 감정인들 온전하겠습니까? O형, 부끄럽지만 나는 학생들을 대할 때는 잠시도 마음을 놓지를 못합니다. '이 학생 때문에 나중에 내가 어떤 곤경에 빠지지는 않을까?' 하는 것을 생각하면 내 단도리부터 철저히 해야겠다는 생각이 들지요.

학생들이 옛날 학생들에 비해서 많이 달라졌다는 말과 마찬가지로 학생의 눈에 비친 선생인 나도 10년, 20년 전에 비해 많이 달라졌겠지요. 정열과 의욕이 식고, 그저 무사 안일주의에 빠져서 자기 조심만 하고 지내는 그런 박력 없는 선생이라 할까요. 시험 때문에 학생 집에 전화 한 번 했다고 대학 당국에 불평을 하는 이런 유의 일들이 한 번씩 있을 때마다 나의 교직에 대한 의욕과 정열은 곤두박질을 합니다. 학생에 대한 사랑과 정성이 자꾸만 그 빛과 활기를 잃고 사무적이고 방어적으로만 되어가는 내 모습을 생각하면 거울에 비친 내 얼굴 상처를 보는 것 같아 스스로 불쾌하고 부끄러운 생각이 듭니다.

그런데 O형, 이 북미대륙뿐만 아니라 한국에서도 학생과 선생 사이가 옛날과는 달리 점점 냉랭해지고 있다는 말을 들었습니다. 그러나 내 생각에는 이 북미대륙에 비하면 한국은 아직까지는 선생의 천국이라고 생각됩니다. 가르치는 사람과 배우는 사람 사이에 아직은 따스한 사랑과 정이 배어 있기 때문이지요. 앞으로는 어떨지 모르겠습니다만 한국에서는 아직 선생이라 불리는 사람은 단순히 지식을 넣어주는 전문인이 아니요, 학생들에게 부모 같은 훈계와 충고가 허용되는 사회, 한 마디로 스승으로서의 보람을 느낄 수 있는 사회가 아닙니까?

'네 인생에 가장 영향을 준 사람을 꼽아보라.'고 하면 선생이 세 사람 중에 꼽히는 횟수가 북미보다는 두배 세배가 많은 사회가 한국입니다.

그러나 O형, 한국에서도 약간의 불길한 징조가 엿보입니다. 예로, 몇 년 안으로 제도화한다는 교수평가제가 그 한 가지인 것 같습니다. 교수평가제 같은 제도를 공식화하면 그렇지 않아도 식어가는 학생-선생 사이에 찬물을 쏟아 붓는 것과 마찬가지가 된다는 것은 강 건너 불 보듯 뻔한 사실이 아니겠습니까. 산을 헐어 길을 내고, 강을 막아 댐을 만들면 거기에 서식하는 동식물의 생태에 큰 변화가 오는 것처럼 학생들이 선생을 평가하는 북미식 제도를 도입하면 학생-선생 사이의 인간관계마저 북미대륙의 그것과 비슷해지는 그런 변화가 오게 마련입니다.

내 생각으로는 교수평가제 같은 제도는 소비자, 즉 학생의 권익을 중요하게 여기고 단기적인 인간관계를 선호하는 북미 같은 사회에 적합한 제도지, 모든 인간관계에 있어서 덕德과 인仁이 아랫목을 차지하는 한국 같은 문화에는 적합한 제도가 아니라고 생각합니다.

그런데 O형, 학생들의 목소리가 점점 커지고 선생도 잘못하면 학생들에게 혼쭐이 난다는 사실을 나쁘게만 볼 수는 없을 것 같습니다. 민주주의라 불리는 꽃잎을 떠받치고 있는 줄기는 바로 개인의 권리와 인간 평등의 원리가 아닙니까? 평등과 개인의 권리가 철저히 보장되지 않는 민주주의는 존재하지 않는다는 것을 생각하면 학생들의 커지는 목소리에 단순히 비명을 지를 필요는 없는 것 같습니다. 개인의 권리를 무엇보다도 더 소중히 여기는 문화, 오랜 민주주의 전통에 젖어온 이 북미대륙의 사람들은 그것을 민주주의가 성장하는 데서 오는 필수적인 뜀틀로 생각하지, 너무 지나치다고 생각하는 사람은 퍽 적은 것 같습니다.

그러나 집단주의 사회, 인간의 수평적인 관계보다도 수직적인 관계가 더 중요시되는 사회, 모든 것이 정情으로 규정되는 한국 같은 사회에서 잔뼈가 굵은 나 같은 사람은 이같이 철두철미하게 개인의 권리만 보살피는 사회가 너무 이기적이고 매정하게 보일 때가 많다는 말입니다. 다시 말해서 다른 문화에 적응한다는 것은 이성理性만의 문제가 아니기 때문에 그렇게 되는 것이 당연하다는 것을 번연히 알면서도 불편한 정도를 넘어 가슴에 통증까지 안겨줄 때가 있다는 나의 고백입니다.

(1997. 1.)

4부

고향의 봄

> 나의 살던 고향은 꽃피는 산골/ 복숭아꽃 살구꽃 아기진달래
> 울긋불긋 꽃대궐 차린 동네/ 그 속에서 놀던 때가 그립습니다.
>
> 꽃동네 새 동네 나의 옛 고향/ 파란 들 남쪽에서 바람이 불면
> 냇가에 수양버들 춤추는 동네/ 그 속에서 놀던 때가 그립습니다.

위의 긴 인용은 남북한 7천만 겨레는 물론, 해외에 살고 있는 우리 동포들에게까지 영원불멸의 명곡으로 남아 있는 노래, 다름아닌 이원수 노랫말 홍난파 곡 〈고향의 봄〉이다. 홍난파는 1929년 "나의 첫 솜씨로 만든 100곡의 동요를 어린이들에게 바칩니다."는 머리말과 함께 등사판으로 내놓은 ≪조선 동요 100곡 집≫에 이 노래를 발표하였다. 어린이들을 위한 노래지

만 아이들이고 어른들에게 애국가보다도 더 자주 불리고, 더 따스한 정감을 불러일으키는 노래다.

하루는 토론토에 살고 있는 작곡가 안병원 선생 댁에 갔다가 우연히 그 집 책꽂이에 꽂혀 있는 〈고향의 봄〉이란 제목의 두툼한 책이 한 권 눈에 띄어 빌려 왔다. 이 책은 동요 〈고향의 봄〉 노랫말을 쓴 이원수 선생의 회갑기념으로 한국에서 활동하고 있는 아동문학가 10여 명의 글을 모아 이원수 선생 자신의 글과 함께 묶은 것이다.

동요 〈고향의 봄〉은 이원수 선생이 15세에 소파 방정환 선생이 시작한 ≪어린이≫잡지에 처음 내놓은 작품이다. 세상에! 15세 난 아이가 이렇게 아름다운 작품을 내놓다니! 1925년에 썼다는 노랫말이 81년 세월이 흐른 2007년 오늘에 읽어도 지금 나무에서 금방 딴 과일처럼 어찌 그리 싱그럽게 들릴까. 군더더기 한마디, 색깔 바랜 단어 하나 눈에 띄지 않고 문체까지 조금도 오늘날 유행에 뒤지지 않는 노랫말.

사회과학, 자연과학, 그리고 음악, 미술 등 예술 분야에서 놀라운 창의력을 보여 준 사람들의 일생을 연구한 하버드 대학교의 가드너(H. Gardner) 교수에 의하면 화가 피카소(P. Picasso), 정신의학자 프로이드(S. Freud), 음악가 스트라빈스키(I. Stravinsky), 시인 엘리어트(T. S. Eliot), 무용가 그래햄(M. Graham)도 이원수 선생과 마찬가지로 그들의 10대에 벌써 세상 사람들의 눈길을 끌 업적을 내놓았다 한다.

이것을 보면 창의력이란 20세 이전 15, 20세 사이 어느 때부터 지하수처럼 펑펑 솟아나는 모양이다. 그런데 우리나라에서는 이 황금 같은 시기에 대학 입학을 위해 학원 찾아다니기에 시간을 다 보내고, 그나마 생각도 확산적인 내용보다도 수렴적인 정답을 찾아 헤매기에 바쁘지 않는가.

매주 월요일이면 〈우리의 소원은 통일〉의 작곡자 안병원 선생이 내가 관여하고 있는 불우 어린이 후원회 임원들을 위해서 동요지도를 자원 봉사해 주신다. 아직 화려한 이름도 없이 우리는 그저 '후원회 노래반'이라 부른다. 어릴 때 부르던 동요들을 70이 내일 모레인 노인이 되어 다시 불러보는 감회는 무엇이라 표현할까? 더더구나 80 노老 대가가 온 정력을 다 해서 땀을 흘리며 지휘하는 것을 보면 마치 어느 보기 어려운 예술 공연을 보는 것같이 감격스럽다.

그런데 그 동요 연습곡 중에 〈고향의 봄〉도 있다. 지난주에는 안 선생이 〈고향의 봄〉을 부를 차례가 오자 노래반 '학생' 15명을 모두 일어서라고 명령하여 온 클래스가 초등학교 2학년 학생들처럼 모두 일어서서 상기된 표정으로 불렀다.

그렇다. 〈고향의 봄〉을 부르는 그 엄숙하고 진지한 모습을 보면 고향의 겉모양은 이미 달라졌어도 마음의 고향은 70, 80, 90이 되어도 옛모습 그대로 멜로디를 따라 우리 앞에 천사처럼 사뿐히 내려앉는 것이다. 그러면 우리는 그 속에서 헤엄치고, 가재, 물고기 잡고 잠자리 쫓던 그 청순 무구한 유년 시절로 돌아가지 않는가. 짧은 시간이나마 이런 화려한 귀향歸鄕의 기회를 준 이원수 선생이 고맙고 부럽다.

(2007. 7.)

등잔燈盞

등불 앞
무릎 끼고 앉아,
그림자만 외롭네.
문득 깊은 밤에
모여 앉은 집 생각,
멀리 떠난
내 얘기를 하며 새우겠지.

먼 유랑길에서 중국 당唐나라 때 시인 향산香山 백거이가 읊은 노래다.

지난여름에는 내 생가인 역동易東에 가서 나흘 밤을 묵고 왔다. 생가에 가서 다만 하룻밤이라도 보내고 왔으면 하는 생각은 일찍부터 간절했었지만 시간적 여유도 없었으려니와 막상 안동으로 내려갈 보따리를 싸려고 하면 왜 그리 어설프고 불편한 생각이 드는지, 번번이 아침에 가서 저녁 때 돌아서는 일일방문에 그치고 마는 것이었다.

그러나 이번에는 그야말로 단호한 결단을 내리고 고향에서 며칠을 지내기로 했다. 40년 만에 처음 보는 더위라니 어디를 가도 불편하기는 마찬가질 거라는 생각은 들었지만 이럴 때 시골에 가면 강바람이라도 쐴 수 있을 것이니 아무래도 콘크리트투성이인 도시보다는 낫겠지 하는 그런 막연한 기대감도 작용을 했다. 무엇보다도 몇 해를 두고 벼르던 역동 옛집을 옮겨 짓는 일을 재작년 가을에야 겨우 마쳤는데 나는 아직도 가보질 못한 데서 오는 궁금증이 더 컸다.

옛 모습과는 거리가 멀지만 신식으로 단장을 하고 전기, 전화, 텔레비전도 넣어서 살기에는 그전보다 비할 데 없이 편리하다는 것이 식구들의 이구동성 대답이었다. 그래서 새로 꾸민 옛집이 어떤 모습일까, 하루라도 빨리 보고 싶은 생각이 간절했기 때문에 큰 마음먹고 4박 5일의 일정을 짜내게 된 것이다.

내가 역동에 가 있는 며칠 동안은 마침 보름이 끼여 있는 때였다. 밤에는 바로 집 앞을 흘러가는 낙동강, 하류인 안동에 만든 댐으로 인하여 하나의 거대한 호수가 되어버린 그 강에 나가서 밤을 새우다시피 했다. 나룻배를 저어 강의 위쪽인 도산서원陶山書院 앞까지 가서 노를 올려놓고 달빛 속에서 집 앞까지 떠내려오고, 새벽에는 안개 속으로 노를 저어 이리저리 쏘다녔으니 신선노름이란 게 바로 이런 걸 두고 하는 말인가 보다.

그러나 어릴 적에 살던 집에 와 있다는 것이 항상 즐거운 것은 아니었다. 천 가지 만 가지 회억回憶의 실타래가 서로 엉켜서 애처로운 꿈같이 떠오르는, 이 구석 저 모퉁이마다 어릴 적에 뛰놀던 추억이요, 나를 부르는 어머니 아버지의 음성이 금방 어디서고 들려올 것만 같은 그런 며칠이었다.

하루는 사랑방 서재 옆에 있는 다락에는 뭐가 있나 궁금한 생각이 들어 잠긴 문을 열고 올라가봤다. 자물쇠, 저울, 궤짝, 연습으로 쓴 붓글씨 뭉치, 헌 책, 그릇, 빈 병 등 내다버리기는 아깝고 그냥 두자니 성가신 그런 물건들이 산같이 쌓여 있었다. 그런데 문득 내 눈길을 잡는 것이 하나 있었다. 사기로 만든 조그만 등잔 하나였다.

정구공만 한 크기의 둥그스럼한 사기병에 석유를 담고 조그만 뚜껑 위로 성숙한 여인의 젖꼭지만 한 꼭지가 뾰족하게 솟아난 데로 심지를 밀어넣어 불이 붙게 만든, 실로 볼품도 없고 초라하기 짝이 없는 등잔 하나가 내 눈에 띈 것이다.

내가 유학을 떠나기 전인 1966년까지도 우리는 전기가 없이 등잔이나 촛불에 의지하고 살았다. 광도光度라고 해야 보름 달빛보다 조금 더 밝을까 말까 한 그 등잔불 아래서 우리 식구는 바느질하고 다듬이질하고 책 읽고 만화도 보고 바깥세상 이야기를 들었다. 이제는 골동품 가게가 아니면 어느 사극의 배경에서밖에 찾아볼 수 없는 이 등잔이 언제 우리 집에 오게 되었는지 모른다. 아마도 어느 행상의 자전거에 실려서 예안禮安 읍내 장터에 나왔다가 우리 식구의 장바구니에 쓸어 담겨서 역동으로 왔을 것이다. 그런데 이 등잔은 다른 등잔과는 달리 소나무로 아담하게 틀을 짜서 그 한복판에 등잔을 석굴암 부처처럼 앉히고 사면은 유리로 바람막이 벽을 만들었다. 그러니 당시 수준으로는 실내외를 상관치 않고, 웬만한 비바람에도 끄떡없는 최신식 멋쟁이 등잔이었을 것이다.

산골에서의 밤은 등잔을 중심으로 이루어진다. 도시 같으면 방이고 마루고 부엌이고 어디나 전깃불이 환한 시절이었지만 문명 이기의 도입이 늦던 우리 시골에서는 등잔 주위로 몇 발짝만 벗어나도 캄캄한 어둠 속이었다. 그래도 우리는 불편을 모르고 살았다. 신기한 것은 내가 대구에서 고등학교와 서울에서 대학을 다닐 때 도시의 밝은 전등 밑에 있다가 방학 때 역동에 와서 가물거리는 등잔불을 대해도 조금도 그것이 답답하거나 불편한 것으로 생각되지 않았다.

나는 한국을 방문해서 역동 생가에 갈 때마다 이 적막한 두메산골에서 등잔에 의지하고 살던 원시 소년이 말과 풍습과 문명이 생판 다른 지구의 저쪽 끝에 가서 살고 있다는 것이 도저히 믿기지 않는 일로 생각되곤 한다.

역동 집이 헐린 것이 1970년대 중반이었으니 그 때부터 20년이 넘는 세월 동안 주인을 잃고 있던 그 등잔이 이번에 한국의 공항을 떠나는 내 보따리 속에 자리를 잡고 태평양을 건넜다. 이렇게 해서 캐나다로 온 등잔은 우리 집 응접실의 윗자리를 차지하고 있다. 그 등잔불 앞에서 세상 이치를 일러주시던 아버지 어머니는 세상을 뜨신 지 오래고 그 앞에서 응석을 부리던 자식들도 모두 제 살길을 찾아 떠났다.

주인을 잃은 것만 해도 서러울 텐데, 전등에 밀려 이용가치라고는 하나도 없는 폐물이 된 등잔은 참으로 가엾은 꼴이 되고 말았다. 이제 만리 창공을 날아 옛 주인을 다시 만났다고는 하나 만난 그 옛 주인 역시 고향을 잃은 나그네. 향산香山의 노래처럼 심지에 불 밝혀 그림자 한번 드리울 희망은 이제 사그라졌으니 가련하다 등잔이여, 너도 사람 소리 끊이지 않고 종일 부산스럽던 역동의 그 사랑방이 그립지 않는가!

(1995.)

만남

O형, 나는 지난여름에 한국엘 나갔다가 어렸을 적에 초등학교를 함께 다녔던 옛 벗들과 같이 경상북도 안동군과 봉화군 경계에 있는 청량산淸凉山에 가서 하루를 묵고 왔습니다. 바람결에 소식만이라도 전해듣기를 갈망했던 어린 시절의 동무들과 같이 보낸 잊지 못할 하룻밤이었습니다.

O형, 내가 다니던 초등학교는 경상북도 안동군 예안면 소재지에 있는 조그마한 학교입니다. 앞으로는 낙동강이 흐르고 뒤로는 가파른 선성산宣城山이 바로 학교 지붕 위에 눈사태처럼 와르르 내려앉을 것 같은 그런 자세를 하고 있고, 언뜻 보면 무슨 고찰古刹에 붙은 수도장 같아 보이는 그런 학교였습니다.

내가 졸업하던 해는 6·25 전쟁의 포화가 그 절정에 이르던 1952년 2월이었습니다. 한 반에 70명씩 2반이었으니 모두 140

명이었는데 40여 년의 세월이 흐른 지금은 벌써 20명은 타계他界하고 지금까지 살아남아서 주소라도 알고 있는 동무들의 숫자는 100명이 될까 말까 합니다.

나는 6학년 1반이었는데 담임은 K선생님으로 자그마한 키에 활달하고 정열적인 기질에다 음악에도 남다른 재주를 가지셨던 분으로 기억됩니다. 교장 선생님은 늘 한복에 검정 두루마기 차림의 S선생님이었는데, 이 교장 선생님은 내가 지금도 그분의 말씨나 몸짓을 또렷이 기억할 수 있을 정도로 엄격하셨지만 무척 인자하신 분이었습니다.

O형, 청량산으로 돌아가겠습니다. "청량산 육륙봉을 아는 이 나와 백구/ 백구야 헌사하랴, 못 믿을손 도화로다/ 도화야 떠지지 마라, 어주자 알까 하노라" 그 퇴계 선생의 〈도산십이곡陶山十二曲〉에 나오는 산이 바로 이 청량산입니다. 퇴계는 이 산속에 있는 오산당吾山堂에서 책 읽고, 강론하고, 시상에 골똘했다고 합니다.

나는 지금부터 꼭 37년 전, 대학교 1학년 때 우리 집 앞동네 '늘매'에 사는 C와 같이 걸어서 청량산을 다녀온 적이 있습니다. 겨울이었으니 땅은 꽁꽁 얼어붙고, 사람 하나 겨우 지나갈 수 있는 폭밖에 안 되는 좁고 울퉁불퉁한 돌길을 하루 종일 걸어서 어둑어둑 땅거미가 질 무렵에 청량 어귀에 도착했던 것을 기억합니다. 그러나 그것도 옛말, 이제는 자동차가 다닐 수 있는 포장된 도로가 청량산 중턱까지 엿가락 휘이듯 꾸불꾸

불 이어져 있습니다. 달라진 게 어찌 이것뿐이겠습니까. 내가 처음 청량산에 갔을 때는 그 앞을 흐르는 낙동강을 나룻배로 건넜는데 이번에 가서 보니 서울 영동대교만큼이나 튼튼해 보이는 콘크리트 다리가 놓여 있었습니다.

언뜻 보면 바뀐 것은 길뿐인 것 같지만 길이 바뀜으로 해서 동네 모습은 물론이고 산 모습, 심지어 강이 산을 돌아 흐르며 만들어내는 산수의 조화까지도 다르게 보이더군요. 마치 안경을 끼면 바뀌는 것은 비단 눈[目]만이 아니라 그 사람의 인상 전체가 달라지는 것처럼-.

청량-. 내 어릴 때의 꿈이요, 성역聖域이던 그 산봉우리가 바야흐로 개발이라는 이름을 단 쇠망치에 얻어맞고 있다는 생각이 들었습니다. 몇 년만 더 있으면 거기에 러브호텔이 들어설 것이고, 자동차 행렬이 꼬리를 물고, 회심가 소리가 들리던 초가집 자리에는 노래방이 들어설 것이 아닙니까. 차라리 미개발이라는 불명예를 뒤집어쓰는 한이 있다 하더라도 본래의 그 모습을 그대로 두었으면 좋겠다는 생각이 간절했습니다.

우리들의 만남은 청량산에서 재산이라는 동네로 넘어가는 길목에 있는 어느 음식점 앞마당 사시나무 아래서 시작되어 해가 지고 풀벌레 소리가 요란해지자 그 음식점에 딸린 어느 허름한 방으로 옮겨졌습니다. 그날은 달이 무척 밝았지요.

그 방에 불이 꺼진 것은 나뭇가지에 걸어둔 웃옷이 밤이슬에 촉촉히 젖고 난 후였습니다. 이순耳順을 내일 모레 앞둔 초로 인생들이 43년 전의 소년 소녀로 돌아가 그저 웃고 울고 떠들고, 그야말로 추억에 남는 산중일야山中一夜가 되었습니다.

이 한밤을 이야기로만 보내기에는 너무 아쉬웠던지 모두들 서로 약속이나 한 듯 노래를 불렀습니다. 〈고향의 봄〉이 나오고 〈반달〉도 나오고 〈청춘을 돌려다오〉의 애절한 절규도 나왔습니다. 37년 전 나와 함께 청량을 찾았던 C가 부른 노래, K담임선생님의 작사였기 때문에 우리 반 아이들만 알고 있는 그 노래도 손뼉 장단에 실려 청량유곡淸凉幽谷의 밤하늘로 메아리되어 사라졌습니다.

따뜻하고 꽃잎 피는 모든 그때에
여러분과 만난 것도 육 년 전이라.
전도요원前途遙遠 배움길을
굳게 맺음도
어언간에 유수流水감은 오늘이구나.

졸업장을 손에 쥐고 철없이 부르던 그 노래, 작곡자는 누구인지도 모르는 그 노래를 40년이 넘는 세월이 흐른 오늘에 다시 부르니 콧등이 시큰해졌습니다.

O형, 나는 그 때처럼 노래의 고마움을 마음속으로 크게 외쳐 본 적은 없습니다. 인생에 노래가 없다면 우리 인간들이 살고 있는 사바 세상은 얼마나 메마르고 삭막할 것일까, 한번

상상해 보십시오.

유수는 울면서 흘러가도 청산에 푸름을 더하고 천년 함묵의 석탑도 머리 위로 떠가는 구름을 맑힌다는 어느 시인의 말처럼 세월이 이처럼 오래 흘러갔는데도 그 인연과 정분의 연연함에는 한 점의 마멸도 퇴색도 없는 것 같으니 이 어찌 놀랍고 고마운 일이 아니겠습니까.

O형, 병이 없어야 이런 축복도 받을 수 있는 법, 부디 건강에 유의하시기 바랍니다.

1995.9.

복원

서울에 있는 남산을 옛 모습 그대로 복원한다는 신문기사를 읽었다. 그 기사를 읽는 동안 내 심정이 무척 착잡했다. 원망과 반가움이 뒤섞인 감정. 다 망쳐 놓고 이제 와서 복원이라니!

남산 위에 거대한 콘크리트 탑을 세우고, 리프트(lift: 스키장 같은 데의 등산용 장치)를, 산 앞에는 산 모습을 가리는 고층 호텔을 지어 남산의 목을 옥죄더니 이제 와서 옛 모습으로 돌려놓는다고? 청춘에 바람이 나서 집을 나간 남편이 늙어서 의지할 곳이 없게 되자 머쓱한 표정으로 제 집으로 돌아왔을 때 아내가 겪는 심정과 비슷한 원망과 억울함이 울컥 치민다.

산이나 강, 경치 같은 자연은 '복원'한다고 할 때 우리는 그 자연을 벌써 불도저로 밀고, 허리를 자르고, 강바닥을 할퀴고, 파내고, 다시 메워서 상처투성이를 만들고 난 뒤다.

'자연을 보호하자.'는 구호에는 '자연을 파괴하자.'는 뜻도 담겨 있다. 맑은 물이 흐르던 개천은 화학 독소가 섞인 거품이 떠가는 구정물, 물고기 한 마리 없는 죽은 개천을 만들어 놓고 나서야 '자연 보호'를 외치는 구호가 나오지 않는가. 많은 경우 가장 좋은 자연 보호는 있는 그대로 가만히 두는 것이다.

그래서 나는 '복원'이니 '개발'이니 하는 말에 별 호감을 가지고 있지 않다. 마구 허물어 버리고는 '개발'했다고 하는 경우가, 옛 터에 새 것을 덩그러니 하나 만들어 놓고 '복원'했다고 하는 경우가 얼마나 흔한가!

벌써 20년이 넘었다. 전라남도 강진에 있는 시인 영랑永郎 김윤식의 생가에 가본 적이 있다. 이 생가는 누가 봐도 넓직한 터에 큼지막한 초가집 하나 지어 놓고 영랑의 생가라고 부르는 데 지나지 않는다는 것을 알 수 있다. 소위 생가라는 집에 영랑이 쓰던 가구 하나, 영랑이 쓴 원고 한 줄, 면도기나 손가방 같은 영랑의 손때 묻은 일용품 하나 눈에 띄지 않았다. 영랑의 생가를 복원했다고 떠들기보다는 차라리 영랑이 살았던 집터라는 것을 알려주는 푯말이나 하나 세워 두는 게 더 낫지 않을까 하는 생각이 들었다.

사람은 나이가 들면서 생각하고 행동하는 것이 어른에 가까워진다. 좋은 말로 성장했다거나 철이 들었다 한다. 그러니 성장의 다른 뜻은 어렸을 때의 순진함과 보드라움을 점점 잃어버린다는 말도 된다. 자라면서 그 맑고 연한 마음에 차츰 때[垢]

가 끼기 시작한다. 즉 눈치를 보고, 이해타산을 하고, 거짓말하고, 부풀려서 말하고, 겉과 속이 서로 다른 말도 서슴지 않는다.

나는 가끔 우리 마음도 성형수술이 될 수 있지 않을까 공상을 해본다. 꿈 많던 순정, 피 끓는 정열도 옛 모습으로 복원될 수 있다면 얼마나 좋을까.

만약 이렇게 마음의 성형수술을 성공적으로 받은 사람이 있다면 그 사람에 달라붙은 마음의 때도, 심보의 고약함도 오늘날 거리를 휘젓고 다니는 신사 숙녀들과 비교가 되지 않을 것이다. 그러나 이런 사람들은 오늘 사회에서 바보 혹은 숙맥이라고 불릴 것이니 이것도 하나의 비극이 아닐까.

아무튼 이번에 남산을 복원한다니 개발보다는 더 듣기 좋은 소식이다. 복원된다니 그 보기 흉한 리프트, 콘크리트 남산 탑, 남산의 앞모습을 가리는 고층 호텔도 없어지겠지.

(2007. 3.)

불면의 단상

저녁 늦게까지 날씨가 후텁지근하여 마시지 않던 냉커피를 한 잔 타 마셨더니 자리에 들어도 통 잠이 오질 않습니다. 자정이 넘고 1시, 2시가 넘어도 잠은 머리맡까지 왔다가도 또 살며시 달아나버립니다. 잠이란 변덕이 심한 연인 같아서 청하면 달아나고 피하면 달라붙는 그런 심술을 부릴 때가 많은 것 같습니다. 새벽 3시가 넘어 '공연히 애만 쓰다가 시간만 허비했구나.' 하는 생각이 들자 그만 자리에서 벌떡 일어나서 주섬주섬 옷을 주워입고 밖으로 나오고 말았습니다.

우선 집 주인인 내가 우리 집 대문을 여는 데 상당한 시간과 노력을 들였음을 고백해야겠습니다. 우리 집 대문을 열자면 대문 위로 쑥 튀어나온 손잡이를 시계 반대 방향으로 돌리면서 그 옆에 있는 조그만 단추를 치켜올리면 빗장이 쑥 들어갑니다.

이와 동시에 그 밑에 달린 또 하나의 손잡이를 돌리면 그제서야 문이 열리는 그런 복잡한 절차를 밟아야 하는 자물쇠입니다.

알고 보면 자물쇠라는 것도 인간이 다른 인간을 믿지 못하는 의심에서 시작된 것이 아니겠습니까. 까마득한 삼한三韓 시대에 오늘날 볼 수 있는 정교한 자물쇠가 있다 하면 그것이 필요하다고 가져갈 사람이 과연 몇이나 있었을까 궁금한 생각이 듭니다.

2000년의 세월이 흐른 사이에 사람들이 다른 사람들을 두려워하고 믿지 못하는 심리는 이렇게 자기가 사는 집을 튼튼한 요새로 만들어야 마음이 놓일 정도로 변한 것 같습니다.

동네를 돌아다녀볼까 생각했으나 유리창 밖으로 길거리나 내다보는 게 낫겠다 싶어 다시 집으로 들어왔습니다. 낮에는 무덥지만 새벽이면 싸늘한 냉기가 아직 가시지 않는 이 북국北國의 5월이기 때문입니다. 지나가는 자동차 한 대, 불 켜진 창 하나 없는 삼라만상이 꿈속에 잠겨 있는 무덤 속 같은 세상입니다.

길 건너 맞은편 집은 자동차 두 대가 나란히 차고 앞에 놓인 것이 보입니다. 서로 마주보는 이웃이 된 지 벌써 여러 해가 넘었지만, 아직 그 집 주인이 어디서 무엇을 하는 양반인지 모릅니다. 한국 같으면 동네에서 저 집은 선생, 저 집은 순경, 저 집은 의사, 저 집은 영화배우 집 하면서 그 집 가장家長의 직업을 들추는 것이 보통이겠지만, 이 북미 대륙에서는 남의 직업에 대한 관심이 한국처럼 높지 않은 것 같습니다.

우리 앞집은 지난 10년 동안에 주인이 두 번 바뀌었습니다. 맨 첫번 주인은 나이가 젊은 양반이었는데 3년 동안 이웃으로 살면서 서로 인사를 교환한 것은 몇 번 되지 않습니다. 그 양반은 한 3년 전에 간다는 인사 한 마디 없이 이사를 가버리고 지금 사는 주인이 왔습니다. 하기야 지난 10년 동안에 우리 집 주위에서 이사를 오간 집이 대여섯 집이 넘지만 간다고 작별을 한 사람도, 왔다고 신고를 한 사람도 없었으니 조금도 놀라운 일이 아닙니다. 이렇게 서로 무심하게 지내는 것이 관습처럼 되었으니까요.

우리 앞집 주인과는 아직 이름을 주고받는 그런 인사는 없었습니다. 그러나 길을 사이에 두고 어느 쪽이나 먼저 보는 쪽이 손을 흔들어 최소한의 펠로우십은 교환합니다. 그런데 그 젊은 주인 양빈은 남에 대한 신뢰감이 나보다 훨씬 더 큰 모양인지 자동차 두 대를 모두 차고에 넣지 않고 그냥 밖에 세워두었습니다. 작년인가 재작년에는 밖에 세워둔 그 집 자동차에 좀도둑이 든 것을 잡아서 경찰에 넘긴 적이 있는데, 그것을 까맣게 잊어버렸는지 오늘 또 저렇게 차를 밖에 두고 자는 것을 보면 분명 이 양반은 '천하태평'인 게 틀림없는 것 같습니다. 나는 두메산골에서 자랐기 때문에 옛날부터 내 물건을 깔끔하게 관리하고 단속하는 버릇을 가지지 못해서 늘 어리벙벙하다는 말을 듣는데, 이 북미 대륙에 나보다 더 어리벙벙한 사람이 있나 싶어 반가운 생각이 들었습니다. 이렇게 여물게 짜여진 세상에서 저런 천하태평을 보면 부러운 생각이 듭니다.

우리 집 바로 옆에는 소꿉놀이하는 유치원 어린이처럼 서로 정답게 지내는 은퇴한 노인 부부가 살고 있습니다. 바깥노인은 좀 퉁명스럽다 할 정도로 무뚝뚝한 편이나 안노인은 무척 사교적이어서 우리 부부가 정구 라켓을 들고 갈라치면 "동율(Dong Yul), 동율, 오늘은 정구를 배우러 가니, 가르치러 가니?" 하고 농을 겁니다. 오늘 낮에는 이 두 부부가 종일 정원에 나와 있더니 피곤했던지 초저녁부터 집에 불이 꺼졌었습니다. 아마 내일부터 시작되는 연휴에 할아버지 할머니를 보러 새벽같이 들이닥칠 손자 손녀들을 맞을 준비를 하느라 오늘은 일찍 잠자리에 들었는지도 모릅니다.

이호우의 시 〈낙동강〉처럼 미움과 더러움이 하나로 정화되어 소리없이 흐르는 새벽입니다. 깜박 잊고 남겨 둔 허튼 불이 켜져 있는 집도 한두 집쯤 남아 있을 법하련만, 불경기의 여파가 여기까지 미치는지 그런 집은 한 집도 없습니다. 이 깜깜한 거리를 밝혀주는 것은 오직 저 노오란 색깔의 불빛을 내는 가로등뿐입니다.

이 생각 저 생각을 하는 사이에 낮에 마셨던 냉커피의 효력이 이제는 가셨는지 누우면 곧 잠이 올 것 같습니다. 저기 저 가로등이 꺼지면 또 부산스러운 아침이 될 것입니다.

(1992. 5.)

서울

서울이 좋다지만 나는야 싫어
흐르는 시냇가에 다리를 놓고
고향을 잃은 길손 건너게 하며
봄이면 버들피리 꺾어 불면서
물방아 도는 내력 알아 보련다.

위에 적은 것은 손로원 작사, 이재호 작곡의 〈물방아 도는 내력〉이라는 대중가요의 노랫말이다. 6 · 25 사변이 끝난 직후 세상 빛을 처음 본 후 엄청난 인기를 끌었던 가요로 기억한다. 비극적인 전쟁, 자유당의 분탕질, 뼈저린 가난, 캄캄한 앞날, 실로 어수선한 시국, 이 모든 것 다 떨쳐 버리고 고향으로 돌아가서 조용하고 단순하게 살고 싶다는 염세에 가까운, 현대판

도연명陶淵明의 '귀거래사'이다.

이 〈물방아 도는 내력〉은 태어난 지 50년이 넘은 오늘에도 노래방에 가면 이 방, 저 방에서 간간이 들려오는 노래다. 이 노래를 부르는 60, 70세의 나이가 있으신 '가수'들의 표정이 얼마나 간절하고 진지한지를 보라! 아스팔트와 고층건물, 자동차에서 뿜어 나오는 연기, 시끄러움, 사람들에 밀려 오르내리던 지하철 이 모든 것을 훌쩍 떠나서 어렸을 때 살던 그 정든 고향 산천에 가고픈 그리움으로 가득 찬 그런 하나같은 표정들인 것을.

이렇게 노래에서는 서울이 싫다고 한 사람들도 있지만, 그보다는 서울에 살며 화려한 인생 설계를 꿈꾸는 사람들이 압도적으로 더 많지 않을까? 지금 대한민국 국민의 90%는 서울에 못 살아 안달. 싫다, 싫다 하면서도 모두가 서울에 살기를 바라는 것 같다. 그만한 이유도 있다. 예로 2007년 4월 5일자 신문들은 일제히 한국에서 서울에 사는 사람들의 평균 수명이 가장 길다는 통계 수치를 발표했다. 서울은 "의료. 문화 시설이 잘 갖춰진데다가 응급체제도 상대적으로 뛰어나서" 그렇다는 것이다. 이 소리를 듣고 어찌 서울 가서 살아야겠다는 생각이 들지 않겠는가!

서울과 지방의 차이는 날이 갈수록 더 커진다. 교육, 의료시설, 문화, 예술에서 소위 최고의 최고는 서울에 다 모여 있다. 이 점점 벌어지는 서울－지방간의 차이는 앞으로 나라 꼴을 우습게 만들 것이라고 걱정한 어느 저자의 말이 생각난다. 조선시대에는 서울과 지방의 차이가 거의 없었다고 한다. 그 때 소위 학식깨나 있다는 높은 벼슬자리에 있던 사람들 대부분은 자기 고향에 근거지를 두고 직장 때문에 임시로 서울로 간 사람들. 그러니 이들은 벼슬살이가 끝나면 다시 자기 고향으로 돌아가서 후진을 양성하며 거기서 살았다. 서애西厓 유성룡이 그랬고, 면앙정俛仰亭 송순, …그 수를 헤아릴 수 없이 많다. 그러니 지식층은 서울뿐만 아니라 어느 지방에도 골고루 퍼져 있었다는 말이다.

또한 그 때의 큰 학자들, 이를테면 예안의 퇴계退溪 이황, 고산의 율곡栗谷 이이, 덕산의 남명南冥 조식 같은 거유(巨儒: 큰 유학자)들은 앞으로 큰 학자가 될 젊은 선비들을 가르치고 있었으니 그 지방의 지적 · 문화적 · 예술적 수준이 서울에 뒤질 것이 뭐이랴. 퇴계의 도산서원, 남명의 덕산서원, 율곡의 은병정사는 전국 지성인들은 다 끌어 모으는 오늘의 서울대학교가 아니었겠는가?

그러나 그 때도 서울을 부러워하고 동경하는 사람들이 있었지 싶다. 내가 어릴 때만 해도 한 댓새 정도 서울에 있는 친척집에 다녀온 사람들도 고향 정거장에 발을 디디기 바쁘게 제깐에는 서울말 한다고 그 투박한 경상도 말끝에 간지러운 긴 꼬리를 달아 빼치는 실로 우습게 들리는 '서울말'을 하는 사람들이 있었다. 무척 서울 사람이 되고 싶어서 그랬던 것이 아니겠는가.

이제는 세월을 잊고 시름없이 돌아가던 그 물레방아는 사라진 지 오래, 그 자리에 대형 '암소 전통 가든 불갈비집'이라는 괴상한 이름을 가진 음식점이 들어섰다. 다리를 놓아 고향을 잃은 사람들을 건너가도록 하겠다던 그 개천에는 국군 1940부대 탱크가 10대 한꺼번에 지나가도 끄떡없을 튼튼한 길이 되었고, 그 위를 달리는 자동차 운전사 앞에는 조그만 전자길 안내기가 붙어있다.

그러나 버들피리를 꺾어 불던 봄, 그 봄은 예나 지금이나 변함없이 우리를 찾아온다.

(2007. 4.)

역동의 옛집

역동易東은 내가 어렸을 때 살던 생가를 가리키는 집 이름이자 동네 이름이다. 두메산골 외딴집이니 집과 동네 이름이 하나가 된 것이다.

이 세상에 자기가 태어나서 자란 고향산천을 두고 아름답지 않다고 할 사람이 어디 있을까마는, 나에게는 역동 근처의 산수는 언제 보아도 한없이 아름다운 정경이다. 바로 눈앞에 외줄기 강물이 흐르고 뒤로는 나지막한 산들이 겹겹이 에워싸고, 집 주위를 둘러싼 솔밭에 수백 마리의 황새가 하얗게 앉아 있는 심산유곡의 풍경을 상상해보라. 선경仙境이란 바로 이런 곳을 두고 하는 말이라는 생각이 들 때가 많다.

조선 영조 때 이중환李重煥이 쓴 지리서인 ≪택리지擇里志≫를 보면, 역동과 그 주변에 대해서 다음과 같은 묘사가 나온다.

…시냇가에 사는 것은 영남에 있는 예안禮安의 도산陶山과 안동의 하회河回가 으뜸이다. …도산은 두 산이 합하여 골짜기를 이루었는데 산이 심하게 높지 않다. 양쪽의 산줄기에는 모두 돌벽이 있고 물로 인한 경치가 아름답다. …도산 하류에 분천汾川이 있는데, 이곳은 곧 농암聾巖 이현보가 살던 옛터다. 물의 남쪽은 제주祭酒 우탁이 살던 옛터며, 모두 아늑하고 수려한 풍광風光이다.

그러니 이 '역동'이라는 우리 집 이름은 본래 고려말의 대학자 우탁禹倬에서 유래한 것임을 알 수 있다. 즉 사람들이 애칭으로 부르는 우탁의 호는 역동易東이고, 제주祭酒는 그의 벼슬인 것이다.

'한 손에 막대 잡고 또 한 손에 가시 쥐고…….', '춘산에 눈 녹인 바람 건듯 불고 간데없다…….'로 시작되는 탄로가嘆老歌 2수를 남긴 우탁은 당시 으뜸가는 정주학程朱學의 대가였다. 만년에 충선왕이 부왕의 후비와 밀통하므로 이를 극구 간諫한 뒤 벼슬을 내어놓고 역동에 돌아와서 은거하였다.

조선 중엽 인종 때에 이르러 역동 선생을 흠모하던 퇴계退溪가 서원을 짓고 그의 호를 따라 역동서원易東書院이라 이름하였다. 우리 집에서 퇴계가 강론하던 도산서원陶山書院까지는 강 옆으로 오솔길을 따라 보통 걸음으로 한 시간도 채 못 되는 거리다. 그러니 역동과 퇴계는 서로 학문뿐만 아니라 지리적으로도 가까워서 보통 가까운 사이가 아닌 이웃인 셈이다.

영남대학교 정순목丁淳睦 교수가 퇴계의 편지를 한데 모아서 펴낸 ≪사문수간師門手簡≫이라는 책을 보면, 역동서원이 완성되자 퇴계가 기뻐서 역동에 와 선비들을 모아놓고 심경心經에 관한 강론을 했다는 기록이 있다. 어릴 때 집에서 도산서원을 갈 때면 우탁 선생이 살던 바로 그 자리에 내가 살고 있고, 퇴계 선생이 발자국을 남긴 바로 그 강 옆길을 따라 내가 걸어가고 있다는 생각을 하면 은근히 자부심 비슷한 감정을 느낄 때가 있었다.

나라의 운명과 마찬가지로 집이라는 것도 흥망성쇠가 있는 것. 지금부터 한 2년 전, 난데없이 이 역동 옛집의 운명을 재촉하는 북소리가 울려왔다. 하류인 안동에 댐공사가 시작되면서 우리 동네는 하루아침에 수몰지구가 되고 말았는데, 만수(滿水)가 되기 전에 물을 피해 집을 옮겨 짓든지 아니면 헐어버리든지 양자택일을 해야 한다는 비보가 날아든 것이다.

금년 봄 어느 날 저녁이었다. 서울에 계신 형님에게서 전화가 왔다. 20년이나 내버려두었던 역동 옛집을 옮기는 가역家役을 대충 끝냈는데, 집 주위를 빙 둘러싸고 있던 기와 얹은 토담은 없어지고 서까래가 너무 오래되어 썩은 부분을 잘라내고 보니 집 모습이 본래 모습과는 너무 많이 달라졌다는 말씀이었다. 그러면서 하시는 말씀이, "너도 자손되는 사람이니 중수기重修記 비슷한 글이라도 몇 자 적어서 이 가역을 기념해야 하지 않겠느냐."는 것이었다.

부분적이나마 옛집의 일면을 보존하게 되었다는 반가움과 옛날의 당당한 모습을 영영 잃어버렸다는 슬픔이 뒤범벅되어 착잡한 심정으로 나는 다음과 같은 짤막한 중수기를 대신하는 글을 적었다.

지금 여기에 서 있는 집은 역동의 옛집을 옮겨 지은 것이다.

이 옛집에서 동학란과 8 · 15 해방을 맞았고, 그 비극의 6 · 25 사변이 오갔다. 역동 솔밭도 없어지고 그 솔밭에서 뛰놀던 매원댁梅院宅 자녀들도 산지사방으로 흩어진 지 오래다.

1970년에 안동댐 공사로 인하여 수몰의 위험이 있어서 원래 집을 헐어 그 터에서 약 500보 가량 뒤로 물러나 산비탈에 옮겨지었다. 그러나 아, 수려하던 그 옛 모습을 어이 다 되살릴 수 있으랴. 겨우 기왓장 몇 개와 서까래 몇 개를 옮겨놓고 옛 정경을 더듬어 볼 뿐이다.

후손들이여, 지나가는 길손이여, 여기 외로이 서 있는 이 역동의 옛집에는 기와 한 장, 서까래 하나, 기둥 하나 하나에 백년 애환과 추억이 서리어 있음을 그대들은 아는가.

주인은 가고 형태만 남은 역동의 옛집은 그 앞을 흐르는 강물처럼 오늘도 말없이 세월에 실려가고 있을 것이다.

(1993. 4.)

유성기

어릴 적에 내 생가生家에 유성기留聲機라는 '노래가 나오는 기계'가 하나 있었다. 요샛말로 표현하면 스테레오라 할까.

라디오는커녕 전깃불도 없던 그 심심산골에 어떻게 해서 당시에는 최신식 문명의 이기利器라 할 수 있는 유성기가 우리 집까지 굴러들어왔는지 나는 모른다. 강아지 한 마리가 섹소폰 앞에 쪼그리고 앉아 노래를 부르는 그런 귀여운 그림이 그려져 있는 검정색 유성기판을 조심스럽게 얹어 놓고 꾸부렁쇠로 된 꼬챙이로 태엽을 감아주면(우리는 이것을 "유성기 밥을 준다."고 했다), "진주라 천릿길을 내 어이 왔던고……." 하는 구슬픈 노래가 흘러나오는 그런 유성기였다.

그 노래를 듣던 그때 나는 진주가 어디고, 천리가 무엇인지, 또 왜 어른들이 같은 노래를 듣고 또 들으며 노래를 따라 부르는지를 몰랐다. 어른들은 "이 유성기 안에는 사람이 하나 숨어 살면서 노래를 부르는데, 나중에 나와서 동렬이 너를 잡아갈 거다." 하고 나를 놀렸다. 나는 속으로 불안한 생각이 들어 방 안에 혼자 있을 때에는 저 유성기 속에서 노래 부르던 그 사람이 나오면 어떡하나 겁이 나서 근처에는 가지 않던 생각이 난다.

언제부터인지는 모르겠으나 '유성기'라는 이름은 '축음기'라는 새 이름으로 바뀌었다. '유성기'라 할 때 '소리 성聲'이나 '축음기'라 할 때 '소리 음音'은 그 뜻이 같을 테고, '머무를 유留'나 '쌓을 축蓄'은 다같이 '가지고 있다'는 뜻일 텐데, '유성기'와 '축음기'라는 말에 무슨 차이가 있는지 선뜻 이해가 가지 않는다. 좌우간 세월이 더 흘러서는 '축음기'라는 이름도 자리싸움에서 '스테레오'라는 영어 이름에 밀려나고 말았다.

그런데 요새 나오는 '스테레오'라는 유성기는 단추 하나만 누르면 스위치가 켜지고 또 다른 단추 하나만 누르면 노랫소리가 저절로 흘러나오게 되었으니 사람의 조종이 별로 필요치 않게 되었다.

물론 이렇게 편리하게 되어 있는 것은 비단 유성기뿐만은 아니다. 자동차도 단추만 누르면 창문 유리창이 저절로 올라가고, 트렁크가 저절로 열리는 그런 편리한 세상이 되었다. 나는 몇 년 전까지만 해도 이렇게 모든 것이 자동적으로 열리고 닫히는 물건보다는 손으로 돌리고 만져서 작동하는 소위 수동식手動式 물건들을 더 좋아했었다. 그러나 요사이는 기운이 줄어든 것도 아닌데 손을 움직이고 힘을 들여야 하는 수동식 물건보다는 단추를 눌러 조금이라도 수고를 더는 최신 자동식 물건을 더 좋아하는 쪽으로 기울어져간다. "유행을 거스르는 기인奇人이 되기보다는 유행을 좇는 바보가 되라."고 당부한 철인哲人 칸트의 말을 따라서인가…….

우리 집에 있던 그 유성기는 언제 어디로 갔는지 그 마지막 행방에 대해서는 알 길이 없다. 어느 엿장수의 수레에 실려 갔을 것이라는 생각도 해볼 수 있겠으나, 그 심심산골까지 찾아올 엿장수가 어디 있었을까. 집에 있던 그 유성기 비슷한 것을 하나 구해보려고 몇 번 고물상을 뒤졌으나 성공하지 못했다. 캐나다에서 간혹 눈에 띄는 것은 유치원에 다니는 어린아이 키만 한 대형 유성기뿐이었다.

어렸을 때 유성기로 자주 듣던 "진주라 천릿길을 내 어이 왔던고……."로 시작되는 노래 〈진주라 천릿길〉의 노랫말을 쓴 조명암이라는 양반이 6·25를 전후해서 월북한 사람이라는 사실도 얼마 전에 신문기사를 보고 알았다.

그때 그 유성기에서 흘러나오던 〈진주라 천릿길〉은 이제는 개마고원의 찬바람이 불어오는 이북 땅에 매여 있는 조명암이나, 진주 천릿길의 백 배 천 배가 넘는 이 북미 대륙의 광막한 평원 한 구석에 머물러 있는 나에게나 다같이 노래 이상의 절실한 사연이 되고 말았다.

(1991. 1)

저택

몇 달 전에 토론토에서 발간되는 신문 〈토론토 스타(Toronto Star)〉에서 토론토를 대표하는 '메이플 맆스(Maple Leafs: 직역하면 단풍잎)' 아이스하키팀 사장이 20년간 살던 집이 주택 시장에 나왔다는 기사를 읽었다. 부르는 값은 자그마치 캐나다 달러로 450만불. 화장실 12개에 체육관, 수영장, 정구장, 온실 등 없는 것이 없는 초호화판이다.

벌써 15년은 되었지 싶다. 우리가 살던 런던이라는 도시에서 그 도시뿐만 아니라 캐나다 전국에서 이름난 부호요 그 사람 이름이 붙은 공원, 미술관, 대학교 단과 대학 이름이 있는 아이비(Ivey)라는 사람이 있다. 그 도시 북쪽 외곽을 빠져나갈 쯤해서 아이비 할아버지 때부터 대대로 살던 큰 저택이 있는데 무슨 이유인지 아이비는 그 저택에 살지 않고 그 도시

다른 곳에 살고 있었기 때문에 집은 몇 년 동안 빈 집으로 남아 있었다. 우리는 어딜 갔다 그 집 앞으로 지나오는 길이면 공원만 한 크기의 정원과 집을 한 바퀴 휘익 둘러보곤 했다. 아내는 처녀 적에 '나는 장차 시집을 가면 이런 집 마님으로 들어앉을 것이다.'는 꿈을 가졌겠지. 그러나 "헤 헤, 미안합니다, 싸모님."

그런데 자기 할아버지가 살았고, 살림을 일군 집인데 왜 이 집을 팔까? 혹시 못난 자식이라도 있어서 사업에 실패한 것은 아닐까?

2006년 봄, 한국에서 돌아와 그 저택을 다시 가 보았더니 세상에! 그 크고 아름답던 정원 주위로는 콘도미니엄들이 꽉 들어서 있다. 집이 팔린 것이다.

런던 부호 이이비나 토론토 아이스하키팀 사장 같은 이름난 부자들이 자기 아버지 혹은 할아버지가 살던 집을 시장에 내놓는 것을 보면 이 북미 대륙 사람들의 자기네 조상에 대한 향념向念이 우리와는 다르다는 것을 알 수 있다. 우리 같으면 큰할아버지가 집을 짓고, 사업을 해서 살림을 일군 집을 후손들이 그렇게 쉽게 팔지도 않으려니와, 설사 판다고 해도 그렇게 쉽지는 않을 것이다. 자식들이 성공을 하면 할수록 그네들 성공이 마치 그 집 집터가 명당이기 때문에 그렇다는 풍수지리의 발복發福을 믿어서 그 집을 정성스럽게 돌보고 치장을 할 것이 아닌가.

그러나 서양 사람들은 우리와 다른 것 같다. 아무리 자기 할아버지가 그 집에서 살림을 일구었다 해도 지금 집을 팔아서 최대한의 이득을 남기기에 가장 좋은 시기라고 생각하면 별 주저 없이 팔아 버리는 것 같다. 나는 이 두 가지 중에 어느 것이 옳은가에 대한 뚜렷한 의견이 없다.

그런데 서양 사람들이 집을 파느냐 마느냐를 결정하는 데 있어서 우리보다 비교적 쉽게 결정을 내릴 수 있는 것은 그들의 가족관계와도 관계가 있지 싶다. 우리처럼 형님, 동생, 삼촌, 사촌, 팔촌이 크게 한 덩어리로 움직이고 유대관계가 비교적 긴밀한 사회에서는 대대로 살던 집을 자기가 장손이라고 후딱 팔아 치우기는 어렵지 않을까. 개인보다도 대소가 집안의 동의를 얻어야 할 안건이다.

아무튼, 우리가 살고 있는 Etobicoke시 Humberwood가街 710번지 1412호는 450만 불짜리 저택의 화장실 크기밖에 안될 것이라는 것을 생각하니 아무리 청빈淸貧이 좋다 하나 나 같은 속물俗物에게는 그다지 자랑스런 일은 아닌 것 같다. 하루는 우리가 사는 콘도미니엄 1012호에 사는 H씨와 산책길에 450만 불짜리 저택 이야기가 나왔다. 그리고 우리가 사는 콘도미니엄 '저택'도 450만 불짜리에 조금도 떨어질 게 없다는 결론에 도달했다.

보라! 우리도 수영장이 있고, 우리도 체육관, 당구장이 있다. 우리도 지하 주차장이 있고, 우리도 정원사가 있지 않은가. 우리도 정구장이 있고, 우리도 파티룸이 있는 걸. 에헴, 우리도 손님 대기실이 있고, 우리도 손님이 오면 잘 수 있는 방까지도 있다. 꼭 자기 이름으로 등록된 것만 자기 것인가, 쓰고 싶을 때 쓸 수 있으면 그게 자기 것이지. 무소유의 소유!

우리 집 옆으로는 20km나 뻗친 울창한 자연 수목원안으로 산책길까지 있고 사슴, 토끼, 다람쥐, 두더쥐, 비버, 잉어, 자라, 오리는 기본이다. 그뿐이랴, 하루 종일 뜨고 내리는 집채만 한 비행기도 공짜로 볼 수 있다. 우리가 못한 게 뭔가, 실로 의기충천 한 단합대회! 그러나 우리는 한 달에 관리비 500불을 꼬박꼬박 내야 한다는데 이르러 둘 다 말없이 걷기만 했다.

(2006. 8.)

초심자의 변

요새도 그런지는 모르겠으나 옛날 내가 한국에 있을 때는 개인이 사냥 같은 것을 목적으로 엽총을 가지자면 우선 총을 만질 수 있는 면허증이 있어야 했다. 그런데 면허증을 받자면 전에 총에 대한 경험, 즉 총을 만져본 경험이 있어야 했다.

한편, 총에 관한 법을 보면 총은 면허증을 가진 사람만이 만질 수 있었다. 총을 만져보자면 면허증이 있어야 하고 면허증을 얻자면 총을 만져본 경험이 있어야 하니 그야말로 모순의 정전正典인 셈이다.

느닷없이 엽총 이야기를 꺼내는 것은 내가 지난여름에 한국에 갔을 때 쓴 다음과 같은 졸시拙詩 한 토막을 위해서다.

청량산淸凉山.

병자 여름 어느 날 나는 옛 동무들과 함께 청량淸凉을 찾았다. 청량산은 경상북도 안동군과 봉화군 사이에 있는 명산名山이다. 이 산은 퇴계退溪 이황이 시詩 쓰고 강론하던 도산서원에서 걸어서 한나절 거리에 있다. 바위투성이의 아름다운 육륙봉우리로 되어 있는 이 산에는 퇴계가 자주 공부하러 들렀다는 오산당吾山堂이 있고 그 옆에는 원효대사가 세웠다는 천년고찰 청량사淸凉寺가 있다. 아래 시조는 어느 여름 경상북도 안동군 예안면에서 나와 함께 초등학교를 다녔던 옛 동무들과 청량산에서 하루를 자며 놀다가 그 감상을 적은 졸작이다.

산돌아 물돌아
하늘 아래 열두 굽이
멧새도 오지 않는
육륙봉六六峰 내 고향에
그리움 산국화山菊花 되어
바람 끝에 맴돈다.

나는 오늘까지 시를 써본 적은 별로 없다. 고등학교 때 한시漢詩 한 수를 써서 교내 문예지에 냈다가 퇴짜를 맞고 나서는 주눅이 들어 시를 써서 남 앞에 내놓은 적이라고는 한두 번밖에 되질 않는다.

가끔 시를 쓰고 싶은 충동이 일어날 때가 있지만 '저 사람은 시가 뭔지도 모르고 쓰는 것 같다.'는 따가운 눈총이 무서워서 감히 써볼 용기가 나지 않았다. 그런데 요사이 와서 뒤늦게 깨달은 사실은 시고, 소설이고, 수필이고, 모든 창작문학에서는 자주 써봐야 발전이 있지, 쓰지도 않고 다른 사람들과 창작에 관한 접촉도 없이 혼자 가만히 있기만 하면 좋은 작품이 나올 기회는 그만큼 줄어든다는 것이다.

어떤 사람은 '나는 결코 다산多産하는 작가가 되지는 않으리라. 두고 보라. 나중에 수준 높은 작품 몇 개를 내놓으면 그 몇 개가 곧 희대의 걸작이 되고 말리라.' 하고 속으로 부르짖는 문호文豪가 있을 것이다. 그러나 시고, 수필이고, 자주 쓰질 않으면 발전할 가망이 적고, 발전이 적으면 그 대망의 걸작은 태어나기가 어렵다.

희곡, 시, 수필만이 그런 것이 아니고 대중가요나 가곡, 동요의 창작 또한 그런 것 같다. 100개 200개의 창작품에서 한두 개의 걸작이 나오는 경우가 흔하지, 2개의 작품을 내놓았는데 2개 다 걸작인 경우는 극히 드물다.

얼마 전에 작고한 대중가요의 큰별로 불리는 분으로 〈비 내리는 고모령〉, 〈이별의 부산 정거장〉, 〈신라의 달밤〉, 〈고향만리〉 같은 주옥 같은 노래로(아, 얼마나 이 노래들을 많이 불렀던가!) 민족의 심금을 울린 작곡가 박시춘 선생은 1932년에 〈애수의 소야곡〉으로 가요계에 등단해서 3천여 곡의 노래를 남겼다고 한다. 그러나 그 많은 작품 중에서 사람들의 입에 오르내리고 사랑을 받는 것은 겨우 20곡이 될까 말까다. 가요계의 원로요, 가장 큰 행운아로 불리는 분의 경우가 이렇다.

그런데 우리의 사회적 분위기는 능숙하지 못한 사람들의 작품은 발표를 삼가 달라는 쪽이다. 즉, 숙달공에게는 발표를 권장하되 이제 막 걸음마를 시도하는 수련생들에게는 발표를 권장하지 않는다는 말이다. 그러니 그 결과 부자는 점점 더 부자가 되고 가난한 사람은 점점 더 가난하게 된다는 사회현상과 같다.

남 앞에 발표를 하는 것을 하나의 결과로만 본다면 능숙한 사람들의 발표를 권장하고 그렇지 못한 사람들에게는 자제를 요구하는 것이 동양적인 겸손의 미덕도 될 수가 있다. 그러나 발표를 하나의 성장 과정이나 수단으로 본다면 서투르다고 남 앞에 내보일 기회를 권장하지 않은 것은 성장을 막는 결과가 되고 만다는 생각이 든다.

몇 달 전에 수필가 C씨가 시를 한 편 신문에 발표한 것을 보고 "수필이면 수필, 시詩면 시지 두 가지에 손을 대는 것은 위험천만이니 다시 생각해 봐라. 우물을 파도 한 우물을 파는 게 낫다."는 요지의 열렬한 충고를 했던 일이 생각난다. C씨가 수필에 더 능한지, 시에 더 능한지 내가 뭣을 안다고 감히 이런 말을?

"남의 눈에 든 티끌은 보아도 네 눈에 든 대들보는 보지 못한다."는 성경 말씀이 바로 나의 이런 행동을 두고 하는 말일 것이다. 내 시 한 수를 위한 변辯이 너무 길어졌다.

(1997. 1)

■ 연보

- 1940년 10월 6일 경상북도 안동군 예안면 부포동 역동易東 외딴 집에서 아버지 이원하李源河와 어머니 이한석李漢錫의 8남매 중 4번째 아들로 태어남.
- 역동易東이란 이름은 고려 말의 대학자 역동 우탁("춘산에 눈 녹인 바람 건 듯 불고 간데없다…"로 시작되는 늙음을 탄식하는 탄로가의 작자) 선생의 별명으로 그를 기려 퇴계가 세운 역동서원 유허지에 내 생가가 들어섰기에 붙여진 동네 이름이자 동시에 집의 이름.

- 호號는 도천(陶泉: 안동 도산 사람이라는 뜻) 혹은 청고개에 사는 사람이라는 뜻의 청현산방주인靑峴山房主人.

- 태어날 때 사주四柱를 보니 천문성天文星을 끼고 태어났기 때문에 평생 책이나 보며 밥을 벌어먹을 팔자로 점괘가 남.

- 50리 떨어진 안동에 가서 안동사범병설중학을 졸업. 당시 천하 수재들이 모인다는 경대사대부고에 273명 중 끝에서 스물다섯 번째의 남부럽지 않은 성적으로 합격. "안동천재"라는 별명을 스스로 붙였으나 아무도 불러주지 않아서 크게 실망.

- 고등학교 2학년 때 교내 영어웅변대회에 나가서 3등. 이때 출전한 용사는 모두 3명.

- 특활시간에 서예부에 들어 석대石帶 송석희 선생께 서예를 사사. 최인욱의 ≪벌레 먹은 장미≫와 방인근, 김내성을 시작으로 한국소설 탐독. 나중에 학교 공부는 아예 밀어두고 도서부원으로 들어가 있으며 이광수, 김동인을 비롯한 한국 소설과 소련을 중심한 세계 문호들의 소설을 통독.

- 서울대학교 사범대학 교육학과에 입학.

- 2학년 올라갈 때 과科가 세분되는 바람에 교육심리학과로 편입. 술이나 먹고 건들거리기나 하는 백수건달. 방랑객이 되어 주유천하. 학점은 바닥에서 김.

- 3학년 때 같은 과科 새내기들을 위한 세미나에서 아리따운 홍일점 정옥자鄭玉子를 발견, 나의 Beatrice임을 즉시 선언하고 1,000번 찍기를 천지신명께 맹서, 장기전을 준비하였으나 상대방의 허술한 방비로 인하여 뜻밖에 10번도 안 찍어 성공. 후일 그녀와 조강지처의 인연을 맺음.

- 대학원을 다니면서 서울대학교 학생지도 연구소 연구조교.

- 종로, 파고다 공원 앞에 있던 관수동 동방연서회에서 일중一中 김충현, 여초如初 김응현 선생에 서예를 사사. 국전 입상 2회. 그 때 오늘날 한국 서예 계의 중진 초정 권창륜, 경후 김단희, 신계 김준섭. 백석 김진화, 현암 정상옥, 규당 조종숙, 석창 홍숙호, 중관 황재국 제씨들과 같은 서실에서 붓을 잡고 글씨를 쓰는 동학同學의 영광을 가짐. 그러나 재주에 있어서는 내가 이들과 비교해서 제일 못하다는 것을 뼈아프게 깨닫고 내심 서예를 포기.

- 1966년, 캐나다 Vancouver에 있는 University of British Columbia에 장학금을 받고 유학길에 오름. 여비는 한미재단(Asia-American Foundation)에서 장학금을 받음. 김포공항을 떠날 때 전 재산 미화 $60. $50은 부모님으로부터의 유산, $10은 정희경 선생이 주심.

- 1967년 3월 26일, 오늘의 본처 정옥자와 결혼. 주례는 전 서울경동교회 이상철 목사, 하객은 주례와 신랑, 신부를 포함하여 모두 30명. 축의금 총액은 $72, 첫날밤은 하루 호텔비 $100이 아까워서 Vancouver시 10가街 622번지 Alexanko 여사 댁 지하실에서 실례.

- 1967년 12월 1일, 맏아들 미채 태어남.

- 1970년에 학위를 받고 Notre Dame대학에 조교수. 방년芳年 29세.

- 1970년 7월 20일 둘째 아들 미수 태어남.

- 우편엽서에 나오는 그야말로 그림 같은 호숫가에 있는 대학이었으나 두메산골에 있는 마포대학이라는 생각이 들어 불만, 1973년 끝내 스스로 사표를 던지고 미국 보스턴 근처 Amherst에 있는 마셧추세트 대학에 Post-doc.을 마치고 아내가 있는 Alberta 대학으로 돌아와서 (불행한) 연구원 생활.

- 1975년Alberta School Hospital(현 Michener Center)에 심리학자로 취직. 1년 후 심리과 과장으로 승진. (이것이 내 평생 학교 이외의 직장에서 일해 본 처음이자 마지막 경험이었음) 이 심리과는 심리학을 전공한 석사급 25명에 비서 둘이 있는 거대한 기관. 과장 자리에 있는 이유로 직원들의 일시 외출허용, 비품이 있는지 없는지의 여부 확인, 게으른 직원의 훈계 및 징계 등 실로 자질구레하기 이를 데 없는 일을 해야 하는 것에 대한 염증과 허무를 느껴 그 기관에서의 탈출을 시도.

- 좀체로 뜻이 이루어지지 않고 있다가 1977년 Toronto에서

Detroit가는 길, 자동차로 2시간 거리의 London에 있는 University of Western Ontario 라는 학생 2만2천명의 대학에 발령이 남. 1977년 조교수, 1981년 부교수, 1984년 정교수.

- 1983년 안식년으로 미국 뉴욕주 Albany에 있는 뉴욕주립대학교에 방문교수.

- 평암平岩 이계학 교수의 주선으로 경기도 성남시 판교에 있는 한국정신문화연구원(현 한국학 중앙연구소) 방문교수.

- 1984년~95년 매년 5,6월에 대구대학교 특수교육학과에 와서 심리 연구법 집중강의를 하고 돌아감. 뒤주에 쌀 떨어지고는 살아도 가슴에 정 떨어지고는 못 사는 세상, 대구대학 교수들과 깊은 정이 듬.

- 1999년 9월 하나님이 보우하사 이화여자대학교 심리학과 교수로 오게 됨. 23년 간 재직하던 Western Ontario대학교에서 조기 은퇴, 이로써 33년의 구름 밖 떠돌이 생활을 청산, 1999년 8월 4일 '운명아 비켜라 내가 간다' 토론토 발 서울행 KAL072기에 오름. 2006년 2월 은퇴. 지금 이름 석자 뒤에 붙일 것이라곤 Western Ontario 대학교 명예교수(Professor Emeritus)라는 있으나 마나 한 수식어 밖에 없음.

• 그밖에

a. 『이동렬 연구 논문 모음』(대구대학교 특수교육 연구소) 『새내기 상담가를 위한 상담과 심리치료』(교육과학사)

b. 미국 상담심리학 학회지와 임상심리학 학회지 등에 발표한 논문 50여 편이 있고

c. 1997년 미국 심리학회 (APA: American Psychological Association) 에서 발간되는 상담심리학 학회지 (Journal of Counseling Psychology) 에 발표된 1978-1992년 13년 동안 세계에서 상담 과정(process of counseling)에 대해서 가장 연구를 많이 한 사람 20명 중 이 불초소생의 이름이 오름. 에헴!

d. 수필집으로는 『남의 땅에서 키운 꿈』(범우사), 『설원에서 부르는 노래』(범우사), 『흐르는 세월을 붙들고』(범우사), 『청산아 왜 말이 없느냐』(범우사), 『향기가 들리는 마을』(선우 미디어), 『세월에 시정 싣고』(하서), 『꽃 피고 세월 가면』(선우미디어), 『바람 부는 들판에 서서』(선우미디어), 『산국화 그리움 되어』(좋은수필사)

e. 1998년 한국 현대 수필 문학상을 받음.

f. 1985년 취미로 시작한 색소폰(saxophone)에 재미를 들여 아직까지도 렛슨. 『이동렬 색소폰으로 듣는 한국 가곡의 밤』2회를 가졌음. 좋아하는 음악의 장르(genre)는 한국가곡과 뽕짝 트롯트. 그러나 2008년 현재 기운이 없어서 피

식피식 바람 빠지는 소리가 자주 들림.

g. 젊은 시절 일중一中 김충현, 여초如初 김응현 선생께 서예를 배움. 1962, 63년에는 대한민국 미술 전람회(국전)에 입상. 동방 연서회 회원. 작품으로는 경북 안동군 이육사李陸史문학 기념관에 시비詩碑 『광야』, 퇴계退溪공원에 시비 『수천修泉』, 강원도 홍천군 물걸리 애국공원에 시비 『나라사랑』, 청강대학에 노래 〈우리의소원은 통일〉 작사자인 안석영 노래비, 그리고 이화여자대학교 도서관에 『계상수생溪上水生』, 『낙동강』 등이 있음.

현대수필가 100인선 · 47
이동렬 수필선
그리움 산국화 되어

초판인쇄 | 2009년 5월 20일
초판발행 | 2009년 5월 30일

지은이 | 이 동 렬
펴낸이 | 서 정 환
펴낸곳 | 좋은수필사

주 소 | 서울시 종로구 익선동 30-6
운현신화타워 빌딩 3층 305호
전 화 | 02)3675-5635, 063)275-4000
등 록 | 1984년 8월 17일 제28호
홈페이지 | http://www.shin-a.co.kr
e-mail | essay321@hanmail.net

값 7,000원

ISBN 978-89-5925-316-6 04810
ISBN 978-89-5925-247-3 (전 100권)